기막힌 재능, 독특한 전략, 곤충이 사는 법

곤충은 왜?  ❷ 특징편

기막힌 재능, 독특한 전략, 곤충이 사는 법
곤충은 왜? ❷ 특징편

초판 1쇄 발행일 2017년 4월 20일
초판 2쇄 발행일 2018년 7월 17일

지은이 임권일
펴낸이 이원중

펴낸곳 지성사
출판등록일 1993년 12월 9일 **등록번호** 제10-916호
주소 (03458) 서울시 은평구 진흥로 68(녹번동 162-34) 정안빌딩 2층(북측)
전화 (02) 335-5494 **팩스** (02) 335-5496
홈페이지 지성사.한국 | www.jisungsa.co.kr **이메일** jisungsa@hanmail.net

ⓒ 임권일, 2017

ISBN 978-89-7889-333-6 (74490)
세 트 978-89-7889-331-2 (74490)

잘못된 책은 바꾸어 드립니다. 책값은 뒤표지에 있습니다.

이 도서의 국립중앙도서관 출판예정도서목록(CIP)은 서지정보유통지원시스템 홈페이지(http://seoji.nl.go.kr)와
국가자료공동목록시스템(http://www.nl.go.kr/kolisnet)에서 이용하실 수 있습니다.(CIP제어번호: CIP2017008537)

⚠ **주의 시항:** 책장에 손을 베이지 않게, 책 모서리에 다치지 않게 주의하세요.

기막힌 재능, 독특한 전략, 곤충이 사는 법

곤충은 왜?

② 특징편

글·사진 임권일

지성사

머리말

사람들은 곤충에 별로 관심이 없어요. 곤충을 귀찮고 징그러운 벌레쯤으로 생각하거든요. 하지만 곤충은 하찮은 존재가 아니에요. 오히려 생태계 평형에 없어서는 안 될 소중한 생명들이죠.

만약 곤충이 사라진다면 우리에게 어떤 일이 일어날까요? 인간에게 곧 큰 위기가 닥치기 시작할 거예요. 생물 한 종의 멸종은 그 종만의 문제로 끝나지 않거든요. 어떤 생물이 생존하기 위해서는 다른 생물과 밀접한 관계를 맺으며 살아야 하기 때문이에요.

인간은 절대 혼자서 살아갈 수 없어요. 다른 동식물이 제 역할을 해 줘야만 생존할 수 있죠. 우리에게 해를 주는 곤충이라 생각하여 모두 없애 버리면 그 피해가 결국 인간에게 돌아오고 말아요.

당장 여러분이 먹을 수 있는 식량부터 급격하게 줄어들 거예요. 왜냐하면 식물이 꽃가루받이를 할 수 없어서 열매를 맺지 못하기 때문이죠. 또 숲은 온통 죽은 동식물들로 가득할 거예요. 숲을 깨끗하게 청소해 주는 곤충들이 사라졌기 때문이죠. 이처럼 인간의 삶은 대부분 곤충과 직간접적으로 관련을 맺고 있어요.

곤충 한 마리는 나약하고 미미한 존재처럼 보일지도 몰라요. 그렇지만 곤충의 세계를 하나씩 배워 나가다 보면 그 생각이 바뀌게 될 거예요. 녀석들은 오랜 시간 동안 지구에서 살아온, 강인한 생명력을 가진 존재들이에요. 결코 인간처럼 자신들의 힘을 과시하며 지구 환경을 파괴하지 않아요. 자신이 맡은 역할을 다하며 자연 속에서 묵묵히 살아갈 뿐이죠.

곤충의 세계는 보면 볼수록 궁금한 것투성이예요. 곤충의 신비로움에 빠지게 되면 계속해서 질문들이 생겨나죠. 하지만 이런 궁금증을 풀어 주는 사람이 주변에 없어서 많이 답답했을 거예요. 만약 곤충이 말할 수 있다면 궁금한 사항을 물어봐 속 시원한 대답을 들을 수 있겠지만 그럴 수 없죠.

이 책은 평소 여러분이 곤충에 대해 가지고 있던 궁금증을 조금이나마 해결해 줄 거예요. 또 이 책 속에 담긴 작은 곤충의 세계를 통해서 인간과 자연의 관계에 대해 생각해 보는 좋은 시간을 가질 수 있을 거예요. 이 책이 여러분에게 더욱더 큰 세상을 만나는 기회가 되었으면 좋겠어요.

임 권 일

차례

• 머리말 … 4   • 일러두기 … 8

1 누가 더 인기가 많을까?

1. 풍뎅이들의 대장 장수풍뎅이 … 24
2. 거대한 집게를 자랑하는 넓적사슴벌레 … 30
3. 기어 다니는 보석 광대노린재 … 36
4. 살아 있는 농약 무당벌레 … 40
5. 은은하게 빛나는 소나무비단벌레 … 46

2 누가 더 사냥을 잘할까?

1. 작은 곤충 킬러 길앞잡이 … 54
2. 풀숲의 무법자 왕사마귀 … 60
3. 매처럼 날렵한 사냥 기술을 가진 파리매 … 66
4. 독침으로 온몸을 마비시키는 대모벌 … 72
5. 매복 사냥을 즐기는 다리무늬침노린재 … 76

3 누가 더 독특하게 생겼을까?

1. 질기고 튼튼한 집게를 가진 고마로브집게벌레 … 82
2. 땅굴파기 선수 땅강아지 … 88
3. 초고속 기관차를 빼닮은 금강산귀매미 … 94
4. 보는 각도에 따라 전혀 생김새가 다른 가진 소바구미 … 100
5. 쇠붙이가 녹슨 것 같은 녹슬은방아벌레 … 104
6. 배 끝에 가위가 달린 긴가위뿔노린재 … 110

4 누가 더 멀리 뛸까?

1. 날개가 퇴화된 팔공산밑들이메뚜기 … 116
2. 풀숲 사이를 뛰어다니는 끝검은말매미충 … 122
3. 생애 전 과정이 화려한 꽃매미 … 128
4. 여름을 노래하는 검은다리실베짱이 … 132
5. 가을을 대표하는 곤충 왕귀뚜라미 … 138

5 누가 더 생활사가 독특할까?

1. 선물을 주고 짝짓기를 하는 참밑들이 … 146
2. 뱀 허물처럼 집을 짓는 뱀허물쌍살벌 … 150
3. 힘겹게 살아가는 청가뢰 … 156
4. 기나긴 땅속 생활 끝에 나타난 말매미 … 160
5. 밤이면 불빛으로 달려드는 흰제비불나방 … 166

6 누가 더 비행 솜씨가 좋을까?

1. 한국인에게 가장 친숙한 호랑나비 … 174
2. 재빨리 날아가 버리는 밀잠자리 … 180
3. 얼룩덜룩 군복을 입은 녹색박각시 … 186
4. 쉴 새 없이 꽃 사이를 날아다니는 줄점팔랑나비 … 190
5. 정지비행에 능숙한 산딸기유리나방 … 194

• 부록 … 198   • 찾아보기 … 205

일러두기

곤충의 생김새와 특징

검정대모꽃등에

곤충의 생김새는 매우 다양해요. 서식 환경이나 생태 습성에 따라서 천차만별이죠. 무당벌레처럼 몸이 둥근 형태인 녀석이 있는가 하면, 딱정벌레처럼 럭비공 모양인 녀석도 있어요. 그런데 곤충들을 살펴보면 공통적으로 발견할 수 있는 특징이 있어요. 바로 곤충의 몸은 머리, 가슴, 배 이렇게 세 부분으로 나누어진다는 점이에요. 생김새는 모두 제각각일지 몰라도 곤충에 속하는 녀석들은 위와 같은 형태로 구성되어 있죠.

곤충도 뇌가 있을까요? 곤충들은 매우 작은 몸집을 가졌지만 녀석들의 머리에도 사람처럼 뇌가 들어 있어요. 그 뇌는 좁쌀보다도 훨씬 작지만 눈과

무당벌레

우리딱정벌레

더듬이를 통해 들어온 여러 정보를 처리한답니다. 또 곤충의 가슴은 앞가슴과 가운데가슴, 뒷가슴 이렇게 세 부분으로 되어 있고, 다리 세 쌍과 날개 두 쌍이 가슴에 달려 있어요. 하지만 어떤 곤충들은 날개가 퇴화되어 한 쌍밖에 없는 경우도 있답니다. 곤충의 배에는 생명 활동에 필요한 여러 기관이 들어 있어요. 번식을 위한 생식기관과 먹이를 소화시키기 위한 소화기관, 숨을 쉬는 데 필요한 호흡기관 등이 모두 배에 들어 있지요.

입 곤충의 입은 형태가 매우 다양해요. 보통 먹이의 종류와 먹는 방법에 따라 입 모양이 다르죠. 사마귀나 메뚜기처럼 씹어 먹기에 적합한 입을 가진 녀석이 있는가 하면, 노린재처럼 침을 찔러 빨아 먹는 데 유리한 입을 가진 녀석도 있어요. 또 파리처럼 먹이를 핥아 먹기에 적합한 입을 가진 녀석도 있고, 나비처럼 꽃 속에 든 액체를 빨아 먹는 데 적합한 입을 가진 녀석도 있어요. 곤충들의 입 모양을 보면 녀석들의 생태 습성을 어느 정도 짐작할 수 있답니다.

넓적배사마귀의 입

각시메뚜기의 입

날개알락파리의 입

자귀나무허리노린재의 입

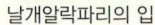
눈

곤충은 보통 커다란 겹눈 한 쌍과 작은 홑눈이 세 개 있어요. 육각형처럼 생긴 낱눈이 수백 개 이상 모여 있는 겹눈은 사방에서 일어나는 물체의 움직임을 빠르게 포착할 수 있지요. 이와 달리 홑눈은 하나의 렌즈로 되어 있어요. 주로 빛의 밝기를 구별하는 역할을 하는데, 홑눈의 수는 종에 따라 한 개나 두 개가 있고 아예 없기도 해요.

노랑배수중다리꽃등에의 눈

털두꺼비하늘소의 눈

더듬이 더듬이에는 감각세포가 많이 있어요. 그래서 곤충들은 더듬이로 냄새를 맡거나 맛을 보고 주변의 진동을 느낄 수 있답니다. 또한 더듬이는 곤충의 무리를 구별하는 데 필요한 중요한 형질이기도 해요. 왜냐하면 곤충의 무리마다 각각 더듬이의 모양과 크기가 어느 정도 비슷한 형태를 띠기 때문이에요.

노랑각시하늘소의 더듬이

긴꼬리의 더듬이

다리 곤충의 다리는 앞가슴, 가운데가슴, 뒷가슴에 각각 한 쌍씩 모두 여섯 개가 달려 있어요. 다리의 형태는 서식 환경이나 생존 방식에 따라 다양해요. 메뚜기처럼 뜀뛰기에 적합한 다리가 있는가 하면, 사마귀처럼 먹잇감을 붙잡는 데 유리한 다리도 있어요. 또 물방개처럼 물속을 헤엄치기에 적합한 다리도 있고, 땅강아지처럼 땅을 파는 데 유리한 다리도 있답니다.

우리벼메뚜기의 다리

넓적배사마귀의 다리

꼬마훅거위벌레의 다리

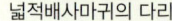
날개 대부분의 곤충은 가슴에 두 쌍의 날개가 있어요. 하지만 모기나 파리처럼 뒷날개가 퇴화되어 한 쌍만 있기도 해요. 녀석들은 퇴화된 뒷날개 대신 곤봉 모양처럼 생긴 '평균곤'이라는 부위가 있어요. 날개를 자세히 보면 나뭇잎처럼 생긴 맥을 볼 수 있을 거예요. 이것을 시맥(날개맥) 이라고 하는데, 시맥은 날개의 전체적인 모양과 형태를 유지할 수 있게 해 주는 지지대 역할을 한답니다.

금빛갈고리나방의 날개

꼬마꽃등에의 날개

궁금해요 평균곤이란?

평균곤(점선 부분)은 비행할 때 평형감각을 유지할 수 있도록 도와주는 역할을 해요. 앞날개와 비슷한 횟수로 진동을 해서 안정적인 비행이 가능하도록 도와주죠. 평균곤이 손상되면 비행 능력이 눈에 띄게 떨어지거나 능력 자체가 없어져 버리기 쉬워요. 그래서 파리류의 곤충에게는 앞날개 못지않게 중요한 부위가 바로 평균곤이랍니다.

꼬마꽃등에의 평균곤

몸

곤충의 몸은 외골격으로 둘러싸여 있어요. 외골격은 곤충의 몸통을 지지하고 외부의 충격으로부터 몸속에 들어 있는 여러 기관을 보호하는 역할을 해요. 외골격을 가진 곤충은 탈피 과정을 거치면서 점차 성충으로 성장해 간답니다.

톱하늘소의 몸

장수풍뎅이의 몸

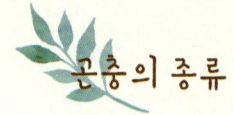
곤충의 종류

딱정벌레 무리

곤충 중에서 가장 수가 많은 종은 딱정벌레 무리예요. 녀석들은 많은 종 수만큼이나 생김새와 몸집, 크기가 다르고 색깔도 매우 다양해요. 딱정벌레 무리에 속한 곤충의 공통적인 특징은 단단한 껍질을 가지고 있다는 점이에

홈줄풍뎅이

요. 녀석들은 딱지날개라 불리는 단단한 앞날개가 있어서 몸을 안전하게 보호할 수 있어요. 하지만 단단한 딱지날개와는 달리 속 날개는 매우 부드러워요. 이 속 날개는 평소에는 딱지날개 속에 접혀 있다가 비행을 할 때 활짝 펼쳐지죠. 딱정벌레 무리에 속한 곤충은 알 ▶ 애벌레 ▶ 번데기 ▶ 성충의 과정을 거치는 완전변태를 한답니다.

나비와 나방 무리

나비 무리와 나방 무리는 전체 곤충 중에서 딱정벌레 다음으로 많은 종이 분포해요. 녀석들은 날개의 표면이 '인편'이라 불리는 비늘가루로 덮여 있는데 비늘가루의 분포에 따라 다양한 날개의 무늬가 만들어져요. 애벌레 시기에

는 주로 식물의 잎을 갉아 먹으며 살아가지만 성충이 되면 꽃가루나 꿀을 먹고 살아가는 경우가 많아요. 나비와 나방 무리에 속한 곤충은 알 ▶ 애벌레 ▶ 번데기 ▶ 성충의 과정을 거치는 완전변태를 한답니다.

넉점박이불나방

노린재와 매미 무리

노린재 무리는 천적의 위협에서 몸을 보호하기 위해 고약한 냄새를 분비하는 녀석들이에요. 녀석들은 주로 침처럼 생긴 주둥이를 이용하여 식물이나 동물의 즙액을 빨아 먹고 살아가요. 그렇기 때문에 사람들이 해충으로 여기는 경우가 많아요. 여기에는 물속에서 살아가는 물자라, 송장헤엄치게, 장구애비 등도 속해 있어요. 노린재 무리에 속한 곤충들은 알 ▶ 애벌레 ▶ 성충의 과정을 거치는 불완전변태를 한답니다.

매미 무리는 대부분 육상 생활을 하는 곤충들로, 주로 식물의 즙액을 빨아 먹으며 살아가요. 다른 무리에 비해 생활사가 복잡한 편이며, 일부 녀석들은 빠른 속도로 엄청나게 번식하기도 해요. 매미 무리에 속한 곤충은 알 ▶ 애벌레 ▶ 성충의 과정을 거치는 불완전변태를 한답니다.

변색장님노린재

벌 무리

벌 무리에 속한 곤충은 여왕을 중심으로 주로 사회생활을 해요. 또 꿀벌이나 말벌, 쌍살벌처럼 따가운 침을 가진 녀석이 많죠. 하지만 개미처럼 침이 없는 녀석도 벌 무리 안에 속해 있어요. 벌 무리에 속한 곤충은 알▶애벌레▶번데기▶성충의 과정을 거치는 완전변태를 한답니다.

띠호박벌

파리 무리

파리 무리에 속한 곤충은 날개가 한 쌍이에요. 원래는 두 쌍이었지만 뒷날개가 퇴화되어 평균곤으로 바뀌었죠. 대개 온갖 오물이나 쓰레기 주변에 머무르면서 사람에게 질병을 퍼뜨리기도 한답니다. 그렇지만 죽은 생물을 분해하고 꽃가루를 옮겨 주는 등 이로운 역할을 하기도 해요. 파리 무리에 속한 곤충은 알▶애벌레▶번데기▶성충의 과정을 거치는 완전변태를 하는데 유충 시기에는 다리가 없는 경우도 있답니다.

표주박기생파리

메뚜기 무리

메뚜기 무리에 속한 곤충은 튼튼한 뒷다리를 이용하여 멀리 뛸 수 있어요. 대부분 날개가 두 쌍이지만 멀리 날지는 못해요. 날개에 비해 상대적으로 몸이 통통하기 때문이에요. 또한 메뚜기 무리는 주변 환경과 비슷한 보호색을 띠기도 해요. 메뚜기 무리에 속한 곤충은 알 ▶ 애벌레 ▶ 성충의 과정을 거치는 불완전변태를 한답니다.

콩중이

잠자리 무리

잠자리 무리에 속한 곤충은 몸이 길고 겹눈이 잘 발달되어 있어요. 녀석들은 날개가 두 쌍인데 날개를 접지 못해서 항상 펼치고 있죠. 입은 작은 곤충을 사냥해서 씹어 먹기에 적합한 구조예요. 잠자리 무리에 속한 곤충은 알 ▶ 애벌레 ▶ 성충의 과정을 거치는 불완전변태를 한답니다.

밀잠자리

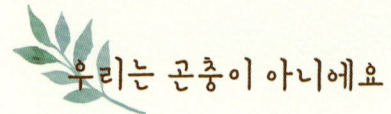
우리는 곤충이 아니에요

벌레와 곤충은 같은 말일까요? 같은 것 같기도 하고 아닌 것 같기도 하죠? 정답은 "곤충과 벌레는 다르다"입니다. 벌레는 쥐며느리나 공벌레, 거미 등과 같이 몸집이 작은 동물들을 말해요. 다시 말해, 거미나 공벌레와 같은 녀석들은 벌레에 속하지만 곤충은 아니에요. 녀석들은 곤충에게서만 발견되는 여러 특징을 갖고 있지 않거든요. 벌레는 곤충 이외에도 몸집이 작은 여러 동물을 모두 포함하는 것으로, 곤충보다도 훨씬 더 넓은 개념이랍니다. 곤충이 가진 가장 큰 특징은 머리와 가슴, 배 이렇게 세 부분으로 몸이 구성되어 있다는 점이에요. 또한 대부분 세 쌍의 다리와 두 쌍의 날개, 그리고 더듬이를 가지고 있죠. 그럼 다음에 등장하는 동물들이 곤충인지 아닌지 한번 알아맞혀 볼까요?

거미는 곤충일까요?

정답은 "아니오"예요. 거미는 여러모로 곤충과 비슷해 보이지만 곤충과는 차이점이 많아요. 먼저 거미는 곤충과 달리 다리가 네 쌍이에요. 또 곤충은 더듬이와 날개가 있지만, 거미는 더듬이와 날개가 없어요.

호랑거미

지네는 곤충일까요?

지네 역시 곤충이 아니에요. 지네는 다리 개수가 무척 많아요. 다리 개수가 제일 적은 녀석이 열다섯 쌍 정도라고 하니, 다리가 세 쌍인 곤충과는 큰 차이가 있어요.

지네

공벌레는 곤충일까요?

공벌레는 많은 친구들이 곤충으로 오해하는 녀석이에요. 하지만 공벌레 역시 곤충이 아니에요. 녀석은 머리와 일곱 개의 가슴, 그리고 다섯 개의 배로 나누어져 있어요. 또한 더듬이도 한 쌍이 아니라 두 쌍이지요. 게다가 가슴마다마다 다리가 한 쌍씩 있는데, 이를 계산해 보면 모두 열네 개의 다리를 가지고 있다는 것을 알 수 있어요.

공벌레

게는 곤충일까요?

갯벌에 가면 여러 게를 만날 수 있어요. 그런데 게를 바닷가에 사는 곤충으로 생각하는 친구들도 있어요. 하지만 게는 곤충이 아니라 갑각

농게

류에 속한 녀석이에요. 보통 갑각류에 속한 녀석들은 물속에서 살기 때문에 주로 아가미를 가지고 있어요.

진드기는 곤충일까요?

우리 친구들이 진딧물과 진드기를 많이 혼동해요. 하지만 진딧물과 진드기는 서로 다른 동물로 전혀 관계가 없어요. 녀석들은 일단 계통에서 차이가 있지요. 진딧물이 곤충이라면 진드기는 거미에 가깝답니다. 진딧물은 다리가 세 쌍이지만 진드기는 다리가 네 쌍이거든요. 또 진드기는 진딧물과 달리 머리, 가슴, 배로 구분되지 않고 한 몸으로 이루어져 있어요. 그리고 진드기는 사람이나 가축과 같은 동물에 기생하면서 피해를 주지만, 진딧물은 식물에 기생하면서 피해를 줍니다.

일본참진드기

곤충 용어 설명

곤충의 변태(탈바꿈) 곤충이 성장하는 과정에서 생김새를 바꾸는 것으로, 크게 완전변태와 불완전변태로 나뉜다.

  완전변태(갖춘탈바꿈, 완전탈바꿈)
  알▶애벌레▶번데기▶성충의 과정. 나비나 풍뎅이, 무당벌레 등이 이 과정을 거친다.

  불완전변태(안갖춘탈바꿈, 불완전탈바꿈)
  알▶애벌레▶성충의 과정. 메뚜기나 사마귀, 잠자리 등이 이 과정을 거친다.

약충 불완전변태를 거치는 곤충의 애벌레. 알에서 나와 성충이 되기 전까지의 단계로, 마지막 탈피 과정을 거치면 바로 성충이 된다.

유충 완전변태를 거치는 곤충의 애벌레. 알에서 나와 번데기가 되기 전까지의 단계로, 보통 애벌레는 유충이라고 부르지만 완전변태와 불완전변태를 구별할 필요가 있을 때에 약충과 유충으로 구별해서 부른다.

탈피 곤충이 성장함에 따라 묵은 표피(겉껍질)를 벗는 것을 말한다. 곤충은 탈피 과정을 거침에 따라 표피가 더욱 튼튼해진다.

외골격 곤충 몸의 바깥을 둘러싸고 있는 골격으로, 절지동물은 주로 키틴질로 이루어져 있다.

키틴질 곤충이나 갑각류에서 딱딱하고 단단한 외골격을 구성하는 성분으로, 키틴과 단백질을 포함하고 있다. 키틴질은 수분이 증발하는 것을 막아 주고 곤충 몸 내부의 기관을 보호하는 역할을 한다.

수액 식물의 뿌리에서 줄기를 통해 잎으로 올라가는 액체로, 상처가 난 나무에서 많이 흘러나온다. 특히 참나무류 수액은 풍뎅이, 벌, 나비, 나방 등 여러 곤충이 좋아한다.

계절형 계절의 변화에 따라 동물의 크기나 모양, 색깔이 달라지는 것을 말한다. 똑같은 종의 곤충이라 하더라도 어느 계절에 발생하느냐에 따라 여러 변이가 나타난다.

발생 알이 성체가 되기까지의 과정.

진화 생물이 환경에 적응하고 발전하면서 여러 세대에 걸쳐 점차 변화해 가는 것을 말한다.

퇴화 생물이 진화하는 과정에서 더 이상 필요 없게 된 기관이 점차 작아지거나 기능을 잃고 사라지는 것을 말한다.

계통분류 생물을 비슷한 점과 다른 점에 따라 분류하고 정리하는 것을 말한다. 보통 생물을 분류하는 가장 작은 단위는 '종'이고, 가장 큰 분류 단계는 '계'이다. 가장 작은 단계부터 차례대로 종<속<과<목<강<문<계로 분류할 수 있다.

천적 다른 동물을 공격하여 먹이로 삼는 동물.

서식지 생물이 자리를 잡고 살아가는 장소. 땅 위, 땅속, 바다 등.

한살이 곤충이 알▶애벌레▶번데기▶성충 또는 알▶애벌레▶성충으로 성장해 가는 과정.

장수풍뎅이

넓적사슴벌레

광대노린재

무당벌레

소나무비단벌레

1
누가 더 인기가 많을까?

1 풍뎅이들의 대장 장수풍뎅이

● 딱정벌레목 장수풍뎅이과

왜 장수풍뎅이라고 부를까?

여러분은 어떤 곤충을 가장 좋아하나요? 사람마다 좋아하는 곤충은 각각 다르겠지만 아마도 가장 인기가 많은 곤충은 장수풍뎅이가 아닐까 싶어요. 녀석은 덩치도 크고 뿔도 멋져 애완 곤충으로 인기가 아주 많지요. 또한 습성이 까다롭지 않고 생존력도 강해서 키우기도 쉬워요. 이만하면 녀석이 왜 그렇게 우리에게 인기가 많은지 이제 쉽게 알 수 있겠죠?

그런데 왜 녀석을 장수풍뎅이라고 부를까요? 도대체 녀석의 이름에는 무슨 뜻이 담겨 있을까요? 이름에 담긴 뜻을 알려면 먼저 '장수'라는 단어부터 살펴봐야 해요. 국어사전을 찾아보면 장수는 '군사를 거느리는 우두머리'로 힘이 센 사람을 뜻해요. 곧, 풍뎅이들 중에서 가장 힘이 세고 몸집이 크기 때문에 장수풍뎅이라는 이름이 붙은 것이죠. 실제로 장수풍뎅이는 우리나라에서 서식하는 풍뎅이들 중에서 몸집이 가장 큰 데다가 싸움도 아주 잘해서 풍뎅이들의 대장으로 불릴 자격이 충분해요.

몸무게의 50배가 넘는 물건을 들어요

장수풍뎅이는 몸길이가 30~85밀리미터로 개체에 따라 몸집의 차이가 심한 편이에요. 똑같은 종이지만 이렇게 몸길이에서 차이가 큰 까닭은 애벌레 시기에 영양분을 섭취한 정도가 다르기 때문이에요. 애벌레 시기에 충분히 영양분을 섭취한 녀석은 덩치가 크지만, 그렇지 않은 경우에는 몸집이 작고 초라해요.

장수풍뎅이 수컷

장수풍뎅이 암컷

장수풍뎅이의 발톱

돌을 든 장수풍뎅이

다 자란 성충은 암컷과 수컷의 생김새가 눈에 띄게 달라요. 가장 눈에 띄는 차이는 단단하고 굵은 뿔이에요. 수컷 장수풍뎅이는 커다란 뿔이 있지만 암컷은 뿔이 없거든요. 또한 수컷의 몸에서는 반지르르한 광택이 나지만 암컷은 나지 않는 경우가 많아요. 대신 암컷은 딱지날개에 연한 노란색 털이 빽빽하게 나 있어요.

녀석은 몸 표면이 딱딱하고 단단해서 한눈에 봐도 다른 곤충들보다 강하다는 것을 짐작할 수 있어요. 특히 발에 갈퀴처럼 생긴 날카로운 발톱으로 자기 몸무게의 50배가 넘는 물건을 들어 올릴 만큼 힘이 세답니다.

큰 뿔을 가진 수컷이 인기가 많아요

장수풍뎅이 수컷은 길이 15밀리미터가량의 뿔이 있어요. 뿔 끝이 서너 갈래로 갈라져 있어서 마치 사슴의 뿔을 보는 것처럼 멋있게 생겼죠. 하지만 뿔은 단순히 멋을 내기 위한 쓰임새가 아니에요. 뿔은 먹이 활동을 하고 살아가는 데 반드시 필요한 생존 도구죠. 특히 참나무류에서는 여러 곤충이 수액을 차지하기 위해 서로 다툼을 벌이는데, 이때 녀석은 커다란 뿔을 이용하여 먹이 경쟁에서 우위를 차지할 수 있어요. 또한 암컷을 차지하기 위해서 다른 수컷들과 경쟁할 때에도 뿔을 이용해요. 짝짓기 철의 수컷들은

장수풍뎅이의 뿔

장수풍뎅이의 뿔

서로 뿔을 맞대고 싸우는데, 뿔싸움에서 진 녀석은 나무 아래로 굴러 떨어져서 마침내 항복을 하고 말죠.
  이처럼 장수풍뎅이에게 뿔이란 번식과 생존 능력을 나타내는 지표와도 같아요. 뿔이 크고 단단할수록 실제로 힘이 세고 건강 상태도 더 좋은 장수풍뎅이예요.

🌿 장수풍뎅이는 어떻게 살아갈까?

장수풍뎅이는 주로 7~8월에 관찰할 수 있어요. 하지만 야행성 곤충이라 녀석을 관찰하려면 밤이 될 때까지 기다려야 해요. 밤에 손전등을 들고 수액이 흐르고 있는 참나무류를 살펴보면 한창 먹이 활동을 하는 녀석을 볼 수 있을 거예요. 간혹 운이 좋으면 참나무류에서 짝짓기를 하고 있는 녀석들도 만날 수 있는데, 짝짓기를 끝낸 암컷은 부엽토(풀이나 낙엽이 썩어서 된 흙) 속에 알을 15~50여 개 낳아요.

장수풍뎅이 유충

알에서 깬 애벌레는 부엽토 속에 포함된 영양분을 먹고 살아가요. 하지만 먹이 환경이 좋지 않으면 힘이 약한 유충들을 잡아먹기도 해요. 녀석은 유충 상태로 월동을 한 뒤 이듬해 초여름에는 땅속에 번데기 방을 만들어요. 이 번데기 방에서 8일을 보내고 나면 대부분 유충에서 번데기로 변하는데, 15~20일이 지나면 성충으로 날개돋이한 장수풍뎅이를 만날 수 있답니다.

하나더 세상에서 가장 큰 곤충?

세상에서 가장 큰 몸집을 가진 장수풍뎅이의 이름은 무엇일까요? 그 주인공은 바로 중남미 지역에서 살아가는 헤라클레스장수풍뎅이예요. 녀석은 몸길이가 18센티미터에 이를 만큼 몸집이 거대하며, 특히 머리에 나 있는 거대한 뿔이 다른 장수풍뎅이들을 압도하고도 남는답니다. 흥미로운 점은 녀석의 겉 날개 색깔이 습도에 따라 수시로 변한다는 사실이에요. 습도가 낮은 날에는 날개가 노란색을 띠지만 습도가 높은 날에는 검은색으로 변하거든요.

헤라클레스장수풍뎅이

2
거대한 집게를 자랑하는 넓적사슴벌레

딱정벌레목 사슴벌레과

🌱 즐거운 놀이 친구, 넓적사슴벌레

넓적사슴벌레는 예로부터 아이들에게 인기가 많았어요. 큰 집게를 가지고 있는 데다가 덩치도 커서 아이들의 관심을 끌기에 충분하거든요. 장난기가 심한 친구들은 넓적사슴벌레를 채집하여 싸움을 붙이면서 장난치고 놀았어요. 컴퓨터나 스마트폰이 없던 시절에 넓적사슴벌레가 즐거운 놀이 친구가 되어 준 것이죠.

당시 아이들은 넓적사슴벌레를 주로 집게벌레라는 이름으로 불렀어요. 머리에 달린 커다란 집게가 녀석의 특징을 가장 잘 보여 주었기 때문이죠. 하지만 오늘날 녀석의 정식 이름은 넓적사슴벌레예요. 집게벌레는 사슴벌레와는 전혀 다른 곤충이어서 서로 구별할 필요가 있거든요.

🌱 집게벌레와 사슴벌레는 어떻게 다를까?

집게벌레과에 속한 곤충들은 사슴벌레과에 속한 곤충들과는 많은 차이가 있어요. 먼저 겉모습만 대충 살펴봐도 생김새에서 차이가 뚜렷하다는 것을 알 수 있지요. 똑같이 집게를 가지고 있지만 생김새가 전혀 다르죠. 가장 큰 차이점은 바로 집게가 달린 위치예요. 사슴벌레는 집게가 머리 쪽에 붙어 있지만 집게벌레는 배 끝부분에 달려 있죠.

또한 먹이 습성에서도 차이가 큰데, 사슴벌레는 주로 참나무류 수액이나 발효된 과일과 같은 식물성 먹이를 좋아해요. 하지만 집게벌레는 작은 곤충을 잡아먹고 사는 육식성 곤충에 가깝답니다.

넓적사슴벌레

고마로브집게벌레

🌿 집게가 아니라 턱이라고요?

넓적사슴벌레는 우리나라에서 비교적 쉽게 볼 수 있는 사슴벌레예요. 몸길이가 최대 87밀리미터에 이를 정도로 사슴벌레들 중에서 몸집이 가장 큰 녀석이죠. 몸 색깔은 전체적으로 검은색을 띠는데 몸집이 작은 녀석일수록 광택이 나는 경우가 많아요.

넓적사슴벌레 생김새에서 가장 돋보이는 것은 집게처럼 생긴 턱이에요. 녀석은 크고 강한 턱을 이용하여 단단한 나무에도 쉽게 구멍을 낼 수 있어요. 턱 안쪽에는 큰 이빨이 있어서 물리면 피가 날 수도 있으니 넓적사슴벌레를 다룰 때에는 항상 조심해야 해요.

넓적사슴벌레 암컷

넓적사슴벌레 수컷의 큰 턱

🌿 큰 턱을 가지려면?

턱의 크기는 개체별로 차이가 심한 편이에요. 똑같은 종이지만 이렇게 턱의 크기가 다른 것은 애벌레 시기에 섭취한 영양분에 차이가 있기 때문이죠. 애벌레 시기 동안 영양분을 충분히 섭취한 녀석은 턱이 크고 튼튼하지만, 그렇지 못한 녀석들은 턱이 작고 볼품없어요. 넓적사슴벌레의 턱은 끝이 날카롭고 뾰족하여 싸움을 할 때 무기로 활용돼요. 턱이 크고 단단한 녀석일수록 자신의 힘을 과시하며 먹이 싸움에서 이길 수 있는 확률도 높아지죠.

🌿 넓적사슴벌레는 어떻게 살아갈까?

넓적사슴벌레는 5~10월에 주로 참나무류가 많은 숲에서 볼 수 있어요. 녀석은 야행성이어서 낮에는 참나무류의 주변 땅속이나 낙엽 속에 숨어 있다가 밤이 되면 먹이 활동을 시작해요. 특히 참나무류 수액이나 발효된 과일 주변으로 잘 모인답니다.

넓적사슴벌레 유충

날씨가 무더운 여름에 짝짓기를 시작하는데, 짝짓기를 끝낸 암컷은 먹이가 풍부한 나무에 알을 낳아요. 알에서 깬 애벌레가 충분히 영양분을 섭취하여 건강하게 자랄 수 있게 하기 위해서죠. 애벌레는 보통 날씨가 따뜻할수록 더 빨리 성장한답니다.

넓적사슴벌레는 장수풍뎅이보다 수명이 더 길고, 애벌레에서 번데기, 성충이 되는 기간도 더 길어요. 자연 상태에서 산란한 알은 성충이 되기까지 대략 1년의 시간이 걸리는 것으로 알려졌어요.

궁금해요 장수풍뎅이와 넓적사슴벌레가 싸우면 누가 이길까?

장수풍뎅이와 넓적사슴벌레가 싸우면 장수풍뎅이가 이기는 경우가 많아요. 장수풍뎅이는 싸울 때 큼지막한 뿔을 상대의 배 속에 집어넣은 뒤 멀리 내던져 버리죠. 그 힘에 밀려 넓적사슴벌레는 꼼짝없이 싸움에서 지고 말아요. 어쩌다가 넓적사슴벌레의 큰 턱에 장수풍뎅이가 찔리면 뜻밖에 넓적사슴벌레의 싱거운 승리로 끝날 때도 있어요.

넓적사슴벌레

장수풍뎅이

3
기어 다니는 보석 광대노린재

노린재목 광대노린재과

화려한 생김새로 인기가 많아요

색이 곱고 화려해서 많은 사람의 관심과 사랑을 받는 노린재가 있어요. 바로 광대노린재예요. 녀석은 기어 다니는 보석이라고 불릴 만큼 몸 색깔이 정말 아름다워요. 특히 몸에 새겨진 녹색과 주황색의 울긋불긋한 광대 무늬가 매우 화려하죠. 신기한 점은 같은 종임에도 녀석들은 광택이 나는 부류와 광택이 나지 않는 부류로 나뉘어 있다는 사실이에요. 언뜻 보기에 몸 색깔에 차이가 있어 서로 다른 종처럼 보이지만 두 녀석은 모두 똑같은 광대노린재랍니다.

광대노린재 광택형

광대노린재 무광택형

화려한 무늬 속에 숨은 비밀

광대노린재는 왜 화려할까요? 몸 색깔이 화려하면 천적의 눈에 훨씬 더 잘 띄어 위험할 텐데 말이죠. 동물 중에는 무당개구리

무당개구리

처럼 주변 환경과 비슷한 보호색으로 몸을 보호하는 녀석이 있는가 하면, 화려하고 강렬한 색으로 천적에게 경고하는 녀석도 있어요. 광대노린재가 바로 그런 녀석이죠. 녀석은 화려한 몸 색깔로 천적의 위협에 대비해요.

또 녀석은 다른 노린재들처럼 위협을 느끼면 지독한 냄새를 뿜어내요. 그런데다 죽어서도 잘 배출되지 않는 강한 신맛이 나는 물질을 몸 안에 가지고 있어요. 그래서 녀석을 잡아먹어 본 경험이 있는 천적들은 더 이상 녀석을 잡아먹으려 하지 않아요. 강한 신맛이 주는 그 불쾌함이 오랜 세월에 걸쳐 천적들의 DNA 속에 깊이 새겨져 있기 때문이지요.

광대노린재

광대노린재는 어떻게 살아갈까?

가을 무렵이면 나뭇잎에 옹기종기 붙어 있는 광대노린재 약충을 볼 수 있을 거예요. 약충은 추운 겨울이 오기 전까지 부지런히 먹이 활동을 해서 겨울을 보내는 데 필요한 에너지를 몸에 저장해요. 추위를 극복하고 굳세게 살아남은 녀석들만이 이듬해 봄에 성충이 될 수 있기 때문이지요.

무사히 성충으로 자란 녀석들은 자신을 닮은 2세를 남기기 위해 가장 먼저 짝을 찾아요. 짝짓기를 끝낸 암컷은 덩어리 상태로 알을 낳는데, 그 안에

열네 개 정도의 작은 알들이 나란히 모여 있어요. 알은 8일가량 지나면 부화하기 시작해서 48일가량 지나면 성충이 된답니다.

광대노린재 약충

하나더 온몸에 광택이 있는 홍줄노린재

노린재 중에는 광대노린재 못지않게 몸 색깔이 예쁜 녀석들이 꽤 있어요. 그중에서도 홍줄노린재는 몸 색깔이 화려해서 단연 돋보이는 녀석이에요. 검은색 바탕의 몸에 붉은색 세로줄 무늬가 화려하게 새겨져 있는데 온몸이 보석처럼 광택이 나서 멀리서도 한눈에 찾을 수 있답니다. 녀석은 주로 인삼이나 미나리, 구릿대 등 식물의 꽃이나 열매의 즙을 먹으며 살아가요.

홍줄노린재

4
살아 있는 농약 무당벌레

딱정벌레목 무당벌레과

왜 무당벌레라고 부를까?

평소 곤충에 관심이 없는 친구들이라도 무당벌레만큼은 잘 알고 있을 거예요. 녀석은 몸 색깔이 화려한 데다가 생김새가 귀여워 남녀노소를 가리지 않고 인기가 아주 많아요. 그런데 왜 녀석을 무당벌레라고 부르는지 알고 있나요?

그 까닭을 찾으려면 녀석의 몸 색깔을 자세히 살펴보세요. 녀석의 이름은 화려한 옷을 입고 굿을 하는 무당의 옷 색깔과 비슷해서 그렇게 지어졌거든요. 무당개구리나 무당거미처럼 이름에 '무당'이 들어간 동물들은 하나같이 몸 색깔이 화려하답니다.

무당거미

표주박을 엎어 놓은 모습이에요

무당벌레는 몸길이가 5~8.5밀리미터로 몸이 작아요. 위에서 보면 동글동

무당벌레

무당벌레의 속날개

글하게 생겼지만 옆에서 보면 마치 표주박을 엎어 놓은 것처럼 재미있는 모습이죠. 녀석은 보통 붉은색 바탕의 딱지날개에 검은색 점무늬가 아홉 쌍 있어요. 하지만 몸 색깔의 변이가 심한 편이라서 무늬가 거의 없는 녀석부터 파랑, 노랑, 검은색 등 다양한 색깔을 지닌 녀석도 있답니다.

위협을 받으면 혈액을 분비해요

무당벌레의 화려한 무늬는 일종의 경고 표시예요. 강렬하고 화려한 무늬로 '나를 잡아먹으면 혼이 날 거야'라고 천적들에게 경고를 하는 것이죠. 몸집도 작은 녀석이 이렇게 천적들에게 경고를 할 수 있는 까닭은 바로 냄새가 지독한 피 때문이에요. 녀석은 생명에 위협을 느끼면 불쾌한 냄새가 나는 노란색 피를 분비해서 몸을 보호하는데, 새와 같은 천적들이 이 냄새를 무척 싫어해요.

만약 무당벌레가 밋밋한 색깔을 띠고 있다면 천적들이 무당벌레인 줄 모르고 잡아먹어 버릴 거예요. 하지만 화려한 무늬를 띠고 있으면 멀리서도 천적의 눈에 잘 띄기 때문에 생존 확률이 훨씬 더 높아지겠죠? 이렇듯 녀석은 광대노린재처럼 화려한 몸 색깔로 천적에게서 살아남는 독특한 생존 전략을 가지고 있어요.

무당벌레의 노란색 피

귀엽게 생긴 무당벌레의 반전?

무당벌레는 생김새가 무척 귀엽고 온순해 보이지만 사실 다른 곤충들을 잡아먹고 사는 육식성 곤충이에요. 비록 몸집은 작지만 자기보다 작은 곤충들을 노련하게 사냥하는 무서운 포식자이죠.

무당벌레가 가장 좋아하는 먹이는 바로 해충으로 잘 알려진 진딧물이에요. 녀석은 하루에 수십 마리가 넘는 진딧물을 잡아먹는데, 무당벌레 한 마리가 일생 동안 잡아먹는 진딧물의 수는 무려 1천여 마리가 넘는다고 해요. 이쯤이면 녀석들을 살아 있는 농약이라고 불러도 손색이 없겠죠?

무당벌레의 진딧물 사냥

🌿 왕성한 식욕을 가진 애벌레

짝짓기를 끝낸 무당벌레 암컷은 진딧물이 많은 식물의 잎이나 줄기에 알을 낳아요. 그런데 암컷은 왜 진딧물이 많은 곳에 알을 낳을까요? 그 이유는 바로 알에서 부화한 애벌레가 진딧물을 먹고 건강하게 성장할 수 있게 하기 위해서예요.

무당벌레 애벌레는 날카로운 턱을 이용하여 성충 못지않게 많은 진딧물을 잡아먹는답니다. 진딧물이 부족하면 동족을 잡아먹기도 할 만큼 식욕이 왕성하지요. 무당벌레 애벌레는 3~4회 탈피를 한 뒤 번데기 과정을 거쳐 예쁘고 귀여운 성충이 돼요.

하나더 해충인 무당벌레도 있어요

무당벌레과에 속하는 곤충이 모두 우리에게 도움을 주는 익충은 아니에요. 녀석들 중에는 식물의 잎을 갉아 먹어 농사에 피해를 주는 해충도 있어요. 대표적인 녀석이 바로 큰이십팔점박이무당벌레예요. 녀석은 얼핏 보면 생김새가 무당벌레와 많이 닮아 무당벌레로 착각할 때가 많아요. 하지만 큰이십팔점박이무당벌레는 무당벌레와는 엄연히 종이 달라요. 녀석은 무당벌레와는 달리 몸에 광택이 없거든요. 대신 무당벌레에게는 없는 짧고 가느다란 털이 촘촘히 나 있죠.

큰이십팔점박이무당벌레

무당벌레의 짝짓기

무당벌레 알

무당벌레 유충

무당벌레 번데기

5
은은하게 빛나는 소나무비단벌레

딱정벌레목 비단벌레과

왕의 곤충 비단벌레

비단벌레는 예로부터 '왕의 곤충'이라고 불렸어요. 워낙 색이 곱고 화려해서 왕관이나 장신구 등 무늬를 장식하는 데 쓰였거든요. 작은 곤충이 천하를 호령하는 왕이 쓰는 물건에 사용되었다고 하니, 참 신기하죠?

하지만 모든 비단벌레가 화려한 몸 색깔을 자랑하는 것은 아니에요. 비단벌레 중에는 소나무비단벌레처럼 몸 색깔이 밋밋한 녀석도 있어요. 녀석은 다른 비단벌레보다 몸 색깔이 화려하지는 않지만 은은하게 빛나는 금빛 무늬가 매우 인상적이에요. 녀석은 보는 사람의 시선이나 빛의 각도에 따라 조금씩 다른 색깔로 보이는데, 그 색이 말로 표현할 수 없을 만큼 아름다워요.

소나무비단벌레

비단벌레

왜 비단벌레라고 부를까?

그런데 많은 이름 중에서 왜 하필 '비단벌레'라는 이름으로 불리는 걸까요? 그것은 비단벌레의 몸 색깔이 비단에 버금갈 만큼 아름답고 화려하기 때문이에요. '비단'은 명주실로 짠 천을 말하는데 빛깔이 곱고 아름다워서 예로부터 귀한 물건으로 여겼거든요. 녀석의 이름을 비단벌레로 지은 것은 비단만큼 귀하고 소중하게 다루어야 한다는 뜻일 거예요.

금처럼 반짝이는 몸 색깔

자, 소나무비단벌레의 생김새를 한번 살펴볼까요? 녀석은 커다란 두 겹눈이 툭 튀어나와 있어 무척 온순해 보여요. 또 몸에는 소나무 껍질처럼 길쭉하고 검은 점무늬가 줄지어 솟아 있지요. 그런데 비단벌레치고는 색깔이 조금 칙칙해 보이죠? 아마 앞의 곤충들만큼 화려하지 않아서 조금 실망했을지도 몰라요.

그러나 녀석의 겉모습을 자세히 살펴보면 반짝반짝 빛나는 황금색 무늬를 찾을 수 있을 거예요. 이렇게 소나무비단벌레가 아름답게 반짝반짝 빛나는 이유는 몸속에 철이나 구리, 마그네슘과 같은 금속 물질이 포함되어 있기 때문이랍니다.

왜 하필 금빛일까?

그런데 소나무비단벌레의 몸 색깔이 이렇게 금빛으로 진화한 까닭은 무엇일까요? 그것은 녀석이 살아가는 주변 환경과 깊은 관련이 있어요. 소나무비단벌레는 주로 소나무 고목이 많은 곳에서 살아가는데 소나무 껍질에

금빛이 나는 소나무비단벌레

달라붙어 있으면 좀처럼 찾기가 어려워요. 금빛 무늬가 훌륭한 보호색이 되기 때문이죠. 이처럼 녀석은 나무껍질과 비슷한 보호색 덕분에 천적에게 들키지 않고 마음껏 활동하며 살아갈 수 있답니다.

소나무비단벌레는 어떻게 살아갈까?

암컷은 오래된 소나무에 산란관을 꽂아 알을 낳는답니다. 알에서 깬 애벌레는 소나무를 파먹으며 성장하는데 먹성이 좋아서 소나무 이외에도 다양한 나무를 파먹으며 살아가요.

소나무비단벌레가 알에서 성충이 되기까지는 3년가량의 긴 시간이 걸려요. 녀석은 성충으로 월동하기 때문에 종종 겨울에도 관찰할 수 있지요.

궁금해요 가장 오래 산 곤충은?

세상에서 가장 오래 산 곤충은 누구일까요? 보통 곤충 중에는 매미가 오래 사는 것으로 알려졌어요. 녀석은 최대 17년이 넘는 시간을 땅속에서 유충으로 지낼 만큼 수명이 길죠. 하지만 매미보다 훨씬 더 오랜 세월을 산 곤충도 있어요. 바로 영국에서 발견된 딱정벌레라는 비단벌레예요. 녀석은 매미보다 세 배나 긴 51년이라는 기간 동안 유충 상태로 살았어요. 아마 녀석보다 더 수명이 긴 곤충을 발견하기란 쉽지 않을 거예요. 현재 녀석은 세상에서 가장 수명이 긴 곤충으로 《기네스북》에도 올라 있어요.

스플렌더딱정벌레

하나 더 몸집이 매우 작은 황녹색호리비단벌레

앞에서 살펴본 소나무비단벌레는 몸길이가 24~44밀리미터로 비단벌레들 중에서는 몸집이 큰 편이에요. 하지만 몸집이 매우 작은 비단벌레도 있어요. 바로 몸길이가 7밀리미터밖에 되지 않는 황녹색호리비단벌레이지요. 녀석은 몸집은 작지만 은은하게 빛나는 황록색의 몸색깔이 아름다운 곤충이랍니다.

황녹색호리비단벌레

길앞잡이

왕사마귀

파리매

대모벌

다리무늬침노린재

2

누가 더 사냥을 잘할까?

1
작은 곤충 킬러 길앞잡이

딱정벌레목 길앞잡이과

밀고 당기기를 즐기는 길앞잡이?

이른 봄, 길 위에서 몸 색깔이 알록달록한 곤충이 재빠르게 이동하는 모습을 본 적이 있나요? 우거진 숲길을 걸을 때 우리보다 한 발짝 앞서 가면서 마치 길을 안내하는 것 같았던 그 곤충 말이에요. 숲길을 걷는 우리와 밀고 당기기를 하는 듯한 이 녀석의 이름은 바로 길앞잡이예요. 우리를 앞서서 계속 날아가는 모습이 길을 안내하는 것처럼 보인다고 해서 길앞잡이라고 이름을 붙였지요.

화려한 몸 색깔을 자랑해요

길앞잡이는 몸 색깔이 무척 화려한 녀석이에요. 녹색과 붉은색, 파란색이 한데 섞여 있는 데다가 반짝반짝 광택까지 나죠. 워낙 화려하고 예뻐서 한때는 녀석을 '비단길앞잡이'로 부르기도 했어요. 길앞잡이는 두 눈이 크고 까맣게 생겨 언뜻 보면 습성이 온순하게 보일 수도 있어요. 하지만 무섭게 생긴 턱과 날카로운 이빨을 보면 그런 생각이 순식간에 사라져 버릴 거예요. 녀석은 숲속에 사는 작은 곤충들을 잡아먹는 무서운 사냥꾼이거든요.

길앞잡이

🌿 성충은 물론, 애벌레까지 폭군이에요

 길앞잡이는 성충뿐만 아니라 애벌레까지도 뛰어난 사냥 기술을 가진 무서운 폭군이에요. 애벌레 시기에는 주로 개미와 같은 작은 곤충들을 사냥해서 잡아먹는데, 그 사냥 기술이 놀라울 만큼 지능적이에요. 녀석은 흙 속에 수직으로 구멍을 뚫어서 함정을 만든 뒤 그곳에 개미가 빠지기를 기다려요. 그러다가 개미와 같은 작은 곤충이 함정에 빠지면 재빠르게 낚아채서 잡아먹죠. 함정에 가장 많이 걸려드는 곤충이 개미이기 때문에 녀석은 '개미귀신'이라는 별명을 가지고 있기도 해요.

 길앞잡이는 성충이 되면 몸길이의 10퍼센트에 이르는 강력한 턱이 생기는데, 이때부터는 함정을 파지 않고 산길을 돌아다니면서 닥치는 대로 작은 곤충들을 잡아먹고 살아간답니다.

🌿 정말 길을 안내하는 걸까?

 길앞잡이는 사람이 가까이 접근하면 한 발짝 먼저 앞서가기 때문에 그 모습이 마치 길을 안내하는 것처럼 보여요. 그런데 녀석이 정말로 우리에게 길을 안내하는 것일까요? 사실 녀석은 사람이 접근하니까 무서워서 도망치는 중이에요. 아무리 사냥 기술이 뛰어난 곤충

길앞잡이

길앞잡이의 턱

길앞잡이

이라 하더라도 사람 앞에서는 힘없는 작은 생물에 지나지 않거든요. 녀석은 우리을 보면 밟히지 않고 살아남으려고 멀리 이동을 해요. 하지만 계속해서 이동하면 그만큼 에너지가 많이 소모되기 때문에 녀석에게 좋을 게 전혀 없어요. 만약 여러분이 숲길에서 길앞잡이와 마주친다면 녀석을 방해하지 말고 길옆으로 살짝 비켜서 걸으세요.

세계에서 가장 빨리 달리는 곤충?

길앞잡이는 세계에서 가장 빨리 달리는 곤충으로 《기네스북》에 올라 있어요. 물론 우리나라에서 사는 길앞잡이는 아니에요. 가장 빨리 달리는 곤충은 바로 오스트레일리아에 사는 길앞잡이예요. 녀석은 1초에 무려 2.5미터를 달린다고 해요. 얼마나 빠른 속력인지 감이 잘 안 오죠? 몸길이와 비교해서 속력을 계산했을 때 가장 빠른 동물로 알려진 치타보다도 열 배 이상 빠른 속도라고 해요. 작은 곤충인 길앞잡이가 이렇게 무시무시한 속도를 내는 게 정말 놀랍지 않나요?

궁금해요 곤충도 피를 흘릴까?

우리는 상처를 입으면 다친 부위에서 새빨간 피가 흘러 나와요. 그런데 곤충도 상처가 나면 피를 흘린답니다. 하지만 우리처럼 붉은색 피는 아니에요. 녀석의 피는 녹색이나 노란색 또는 투명한 색을 띠는 경우가 많죠. 이렇게 우리와 곤충의 피 색깔이 다른 이유는 혈액 속에 포함된 성분이 다르기 때문이에요. 곤충의 혈액 속에는 헤모시아닌이라는 성분이 들어 있는데, 이 성분은 구리가 많이 포함되어 있어서 산소와 만나면 녹색으로 변하지요. 하지만 사람의 혈액에는 철 성분이 많이 들어 있어서 산소와 만나면 붉은색으로 변해요.

곤충의 피

2
풀숲의 무법자 왕사마귀

사마귀목 사마귀과

🍒 무시무시한 왕사마귀

왕사마귀라니, 왠지 이름만 들어도 무시무시한 기운이 느껴지지 않나요? '왕'이라는 이름에서도 알 수 있듯이 녀석은 우리나라에서 볼 수 있는 사마귀 중에서 가장 큰 종이에요. 커다란 몸집에다 사냥 기술이 뛰어나 숲속 곤충 생태계에서 가장 높은 위치에 있는 녀석이죠. 곤충을 사냥하는 잔인한 모습 때문에 이미지가 부정적이기는 해도 녀석은 다양한 해충들을 잡아먹어 우리에게 이로움을 주는 익충이랍니다.

🍒 갈색형과 녹색형이 있어요

똑같은 왕사마귀라도 몸 색깔이 갈색인 녀석과 녹색인 녀석이 있어요. 이렇게 몸 색깔은 다르지만 같은 왕사마귀예요. 몸 색깔이 달라지는 까닭은 약충 시기에 서로 다른 환경에서 탈피했기 때문이에요. 보통 풀숲 같은 환경에서 탈피하면 녹색형 왕사마귀가 되고, 땅바닥 같은 곳에서 탈피하면 갈색형

왕사마귀 수컷 녹색형

왕사마귀 암컷 갈색형

왕사마귀가 되는 것으로 알려졌어요.

왕사마귀는 몸길이가 70~95밀리미터로 우리나라에서 볼 수 있는 곤충 중에서 몸길이가 매우 긴 편이에요. 특히 암컷이 수컷보다 훨씬 더 몸집이 큰데, 큰 몸집만큼 힘도 더 세고 사냥 능력도 더 뛰어나죠. 한편, 왕사마귀는 사마귀와 생김새가 비슷하여 처음 보면 구별하기가 좀 어려워요. 이 둘을 구별하려면 앞다리 사이에 있는 가슴 색깔을 확인해야 해요. 이 부위가 연한 노란색을 띠면 왕사마귀, 주황색을 띠면 사마귀이지요.

궁금해요 곤충은 왜 수컷보다 암컷이 클까?

곤충은 대부분 암컷이 수컷보다 몸집이 더 커요. 왜 그럴까요? 이는 수컷의 몸집이 작을수록 짝짓기를 더 효율적으로 할 수 있기 때문이지요. 곤충은 짝짓기 하는 순간에 천적의 위협에서 제대로 방어하기가 어려워요. 천적에게 잡아먹히지 않으려면 짝짓기를 멈추고 빨리 도망을 쳐야만 하죠. 이때 수컷이 작으면 암컷의 등에 매달려 암컷과 함께 멀리 도망칠 수 있어요. 천적이 나타났다고 해서 짝짓기를 멈출 필요가 전혀 없는 것이죠.

암컷의 머리

풀숲의 무법자예요

왕사마귀는 주변에 보이는 곤충들을 닥치는 대로 잡아먹는 육식성 곤충이에요. 주로 풀숲에 숨어 있다가 먹이가 나타나면 앞다리를 쭉 뻗어서 공격을 하죠. 낫처럼 생긴 앞다리는 먹잇감을 단번에 제압할 수 있는 구조로 발달되어 있어요. 사납기로 소문난 장수말벌도 왕사마귀와의 싸움에서 쉽게 이기지는 못할 거예요. 그만큼 녀석은 몸집도 크고 힘도 센 천하무적이죠. 녀석은 겁도 없어서 사람이 다가가도 도망은커녕 오히려 앞다리를 들고 공격 자세를 취하기도 해요. 정말 풀숲의 무법자라고 불릴 만하죠?

왕사마귀의 앞다리

사마귀에게 물리면 정말 사마귀가 생길까?

어떤 어른들은 사마귀에게 물리면 피부에 사마귀가 생긴다고 생각해요. 또 사마귀를 잡으면 노란색을 띤 액체를 배설하는데, 이 액체를 사마귀가 난 피부에 바르면 없어진다고 믿기도 하지요. 하지만 다 근거 없는 소문일 뿐이에요. 피부에 나는 사마귀는 피부 질환일 뿐 곤충 사마귀와는 아무 관련이 없어요. 사마귀에 관한 과학적 연구가 없던 시절, 사마귀의 생태와 습성을 잘 몰라서 생긴 오해랍니다.

알집 속에서 겨울을 보내요

짝짓기 철이 되면 왕사마귀 암컷은 닥치는 대로 사냥을 해요. 알을 낳는 데 필요한 에너지를 충분히 저장하기 위해서지요. 암컷은 알을 낳을 만반의 준비가 끝나면 나뭇가지에 커다란 알집을 만드는데, 이 알집은 처음에는 흰색을 띠다가 시간이 지나면 갈색으로 변해요. 수풀이 우거진 여름과 가을에는 알집이 잘 보이지 않지만 앙상한 가지만 남은 겨울에는 쉽게 관찰할 수 있어요.

왕사마귀 알집

알집 바깥은 거품처럼 생긴 밀랍 분비물이 둘러싸고 있어서 추운 겨울에도 알집이 얼지 않고 건강한 상태를 유지해요.

알집 속에서 무사히 겨울을 보낸 알들은 이듬해 봄이 되면 약충을 거쳐 성충이 된답니다.

하나 더 이름에 '사마귀'가 들어간 거미도 있어요

곤충은 아니지만 거미 중에는 '사마귀'라는 이름이 들어간 녀석이 있어요. 바로 사마귀게거미예요. 녀석은 생김새가 마치 바닷가에 사는 게처럼 생겼는데 온몸에 사마귀가 난 것처럼 오돌토돌 돌기가 나 있어 사마귀게거미라는 이름으로 불려요.

사마귀게거미

3
매처럼 날렵한 사냥 기술을 가진 파리매

파리목 파리매과

🌿 파리매, 너 정체가 뭐니?

여러분은 파리 하면 어떤 모습이 가장 먼저 떠오르나요? 더러운 오물에 꼬이는 지저분한 모습이 먼저 떠오르지 않나요? 하지만 '파리'라는 이름이 붙은 녀석들 중에는 우리가 알고 있는 파리와는 전혀 다른 습성을 가진 녀석도 있답니다. 바로 파리매처럼요.

파리매라는 이름을 처음 들은 친구들은 녀석을 더러운 환경을 좋아하는 나약한 파리쯤으로 생각할지도 몰라요. 하지만 파리매는 더러운 환경을 좋아하지도 않고, 또 힘이 나약한 곤충도 아니에요. 파리는 물론 벌, 풍뎅이, 나비와 같은 다양한 곤충을 잡아먹는 숲속의 무서운 사냥꾼이 바로 파리매이거든요.

🌿 얼굴은 잠자리, 몸통은 벌?

파리매는 몸길이가 25~28밀리미터이며, 몸 색깔은 전체적으로 검은색을 띠고 있어요. 녀석은 몸 하나에 두 가지 곤충이 섞인 것처럼 모습이 정말 신기해요. 가만히 들여다보면, 동그란 두 눈은 마치 잠자리 같은데 몸통은 벌처럼 생겼거든요.

파리매과에 속한 다른 곤충들은 구별하기가 무척 까다로운 편이지만 파리매는 다른 녀석들과 쉽게 구별할 수 있어요. 파리매 수컷의 꽁지에 하얀색 털 뭉치가 나 있거든요. 무슨 곤충일까 한참 고민하다가도 꽁지에 난 털 뭉치를 보면 파리매라고 단번에 알아차릴 수 있지요. 하지만 모든 파리매의 꽁

파리매 수컷

지에 털 뭉치가 있는 것은 아니에요. 암컷은 꽁지에 털 뭉치가 없는 대신 배 끝이 뾰족하거든요. 하지만 꽁지를 제외하면 암컷도 전체적인 생김새가 수컷과 비슷해 다른 파리매와 쉽게 구별할 수 있을 거예요.

🌿 빠르고 정확한 사냥 기술

파리매는 숲속의 작은 곤충들에게 그야말로 무시무시한 공포의 대상이에요. 녀석이 바람을 가르며 등장하면 숲속의 작은 곤충들은 바짝 긴장을 하죠. 언제 어디서 습격을 받을지 모르거든요.

특히 녀석은 파리와 같은 작은 곤충들을 공중에서 낚아채 사냥을 하는데,

파리매 암컷의 사냥

그 방법이 매가 사냥하는 방법과 매우 비슷해요. 주로 정면에서 공격하지 않고 뒤쪽에서 급습하기 때문에 사냥 성공률도 높은 편이죠. 사냥이 끝난 후에는 주둥이를 먹이에 꽂아 체액을 빨아 먹지요. 힘이 세서 먹이를 움켜쥐고 자유롭게 날아다닐 수 있답니다.

🌱 선물로 암컷을 유혹하는 수컷 파리매

파리매는 우리나라 전역에서 볼 수 있는 곤충이에요. 숲속은 물론, 논가나 연못 주변 등 거의 모든 지역에서 관찰할 수 있지요. 여름에는 짝짓기를 하고 있는 파리매 부부를 볼 수도 있어요.

하지만 모든 파리매가 짝짓기에 성공하는 것은 아니에요. 암컷의 선택을 받은 수컷 파리매만 짝짓기를 할 수 있거든요. 그래서 수컷은 암컷에게 잘 보이려고 먹이를 선물한답니다. 맛있고 풍성한 먹이로 암컷을 유혹하는 것이죠. 암컷은 먹이가 마음에 들면 먹이를 먹으면서 수컷과 짝짓기를 해요. 사람이나 곤충이나 선물을 좋아하는 것은 똑같죠?

검정파리매

하나더 검정파리매도 있어요

파리매와 닮은 이 녀석의 이름은 검정파리매예요. 얼핏 파리매처럼 보이지만, 다리 세 쌍이 모두 검은색을 띠고 있어요. 다리의 종아리마디가 누런빛의 붉은색을 띤 파리매와는 다른 종이라는 것을 알 수 있을 거예요. 약간의 생김새의 차이를 제외하면 녀석은 파리매와 습성이 매우 비슷해요. 파리매처럼 공중에서 사냥을 하고 또 파리나 잠자리, 벌 등을 잡아먹으며 살아간답니다.

궁금해요 곤충은 어떻게 숨을 쉴까?

파리매와 같은 곤충들은 어떻게 숨을 쉴까요? 우리처럼 콧구멍으로 숨을 쉴까요? 아니면 개구리처럼 피부로 숨을 쉴까요? 이것을 알려면 곤충의 몸을 자세히 살펴보아야 해요. 곤충의 몸에도 사람 콧구멍처럼 작은 구멍들이 나 있어요. 이 구멍들을 '기문'이라고 하는데, 기문은 평소에는 닫혀 있다가 호흡을 할 때만 열려요. 기문으로 들어온 산소는 온몸 구석구석으로 이동하여 생존에 필요한 에너지를 만드는 데 쓰이지요.

날개돋이하는 각시메뚜기

각시메뚜기의 기문(점선으로 표시된 부분)

4
독침으로 온몸을 마비시키는 대모벌

벌목 대모벌과

🌿 거미를 이용하여 대를 잇는 대모벌

꿀벌, 말벌, 쌍살벌 등 벌 집안에 속한 곤충에는 여러 종류가 있어요. 그중에서 대모벌은 여느 벌들과는 다른 독특한 생활 방식으로 살아가는 녀석이에요. 대부분의 벌들은 집을 짓고 그 안에 알을 낳으며 대를 이어가지만 대모벌은 거미 몸에 알을 낳아서 대를 잇는답니다. 그것도 살아 있는 거미를 이용해요. 참 독특한 녀석이죠?

🌿 날개가 망토처럼 매우 길어요

대모벌은 몸길이가 22~25밀리미터로 다른 벌들보다 날개가 무척 긴 편이에요. 날개가 거의 배 끝까지 내려와 마치 망토를 걸친 것처럼 보이죠. 녀석의 몸 색깔은 전체적으로 검은색을 띠지만 날개와 더듬이, 그리고 다리 색깔은 누런빛의 갈색을 띠고 있답니다.

🌿 왜 하필 거미일까?

거미는 대부분의 곤충에게 위협의 대상이에요. 식물 줄기 사이에 펼쳐진 거미줄에 걸린 곤충은 어쩔 수 없이 거미의 먹이가 되고 말죠. 하지만 곤충 킬러인 거미도 대모벌에게만큼은 꼼짝달싹 못 해요. 아무리 몸집이 큰 거미라도 대모벌의 독침에 한번 쏘이면 온몸이 마비되

거미를 마취시키는 대모벌

어 움직이지 못하거든요.

대모벌은 왜 거미를 사냥할까요? 그것은 바로 알에서 태어난 새끼의 먹이를 마련하기 위해서예요. 녀석은 땅에 구멍을 파서 알을 낳고, 알에서 깨어난 애벌레는 거미를 먹으면서 자라죠. 그런데 그 수많은 생물 중에서 왜 하필 거미를 먹이로 삼는 걸까요? 그 이유는 거미가 여느 곤충과는 달리 몸 표면이 딱딱하지 않아서 새끼들이 먹기에 알맞기 때문이랍니다.

잔인하지만 새로운 생명이 탄생해요

대모벌이 거미를 옮기는 모습을 보더라도 아는 척하지 마세요. 녀석은 성격이 무척 예민해서 위협을 느끼면 거미를 놔두고 도망치거든요. 그러면 다시 거미를 사냥을 해야 하고 그만큼 에너지 소모가 많아지죠. 건강한 알을 낳으려면 쓸데없는 에너지 소모를 줄여야 해요.

대모벌은 사냥이 무사히 끝나면 알을 낳을 장소로 거미를 데려간답니다. 그러고 나서 미리 파 놓은 땅굴에 거미를 넣고 그 안에 알을 낳죠. 알을 낳은 후에는 새끼들이 무사히 부화할 수 있도록 단단하게 흙을 다져서 알을 낳은 흔적을 없애 버려요. 그 덕분에 알에서 깬 애벌레들은 신선

거미를 옮기는 대모벌

한 먹이를 먹으며 건강하게 성장할 수 있지요. 조금은 잔인하다는 생각이 들겠지만 이것이 바로 자연이 들려 주는 진짜 이야기예요. 자연에서 일어나는 모든 일은 장난이나 재미가 아닌 생존을 위한, 그리고 대를 잇기 위한 치열한 과정이거든요.

만약 거미가 사라지면 대모벌은 멸종되어 버릴지도 몰라요. 새끼를 길러 낼 수가 없으니 더 이상 번식도 할 수 없는 거죠. 이처럼 한 종의 멸종은 그 생물과 관련을 맺고 살아가는 수많은 생물의 멸종을 가져오는 법이에요. 아무리 하찮고 작은 생명이라도 소중히 다루어야 하는 까닭이 바로 여기에 있어요.

하나더 왕무늬대모벌도 있어요

같은 대모벌과에 속한 곤충 중에는 왕무늬대모벌도 있어요. 녀석은 이름처럼 배 부위에 누런색을 띤 커다란 무늬가 새겨져 있는데 몸 색깔이 온통 검은빛을 띠고 있어서 대모벌과 쉽게 구별할 수 있어요. 왕무늬대모벌은 대모벌과 마찬가지로 거미를 사냥한 후 그 안에 알을 낳아서 번식을 한답니다.

왕무늬대모벌

5
매복 사냥을 즐기는 다리무늬침노린재

노린재목 침노린재과

다 같은 노린재가 아니에요

노린재는 보통 식물의 즙을 먹고 살아가면서 식물의 성장에 피해를 끼치는 초식성 노린재들이에요. 하지만 노린재 중에는 작은 곤충들을 사냥해서 살아가는 육식성 노린재도 있어요. 침노린재들이 바로 그 주인공이죠. 녀석들은 식물에 피해를 주는 해충들을 잡아먹으며 살아가요. 우리가 보기에는 모든 노린재가 식물의 성장에 피해를 주는 같지만, 침노린재들처럼 사람에게 도움을 주는 이로운 녀석들도 있답니다.

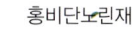
홍비단노린재

왕침노린재 약충

껍적침노린재

침이 날카로운 다리무늬침노린재

풀밭이나 숲을 걷다 보면 잎 사이에 몸을 숨기고 있는 다리무늬침노린재를 볼 수 있을 거예요. 녀석을 자세히 살펴보면 이름처럼 다리에 누런빛을 띤 흰색의 무늬가 있어요. 또 침노린재과에 속한 곤충답게 주사 바늘처럼 생

다리무늬침노린재의 침

긴 주둥이가 날카로워요. 평소에는 이 날카로운 주둥이를 접어서 숨기고 다니다가 사냥감이 나타나면 검객처럼 재빠르게 꺼내서 사냥감을 한 방에 제압한답니다.

🌿 먹이를 들고 다녀요

다리무늬침노린재가 가장 좋아하는 먹이는 주로 나비나 나방의 애벌레예요. 녀석은 날카롭고 긴 주둥이로 사냥을 하는데, 주둥이에 꽂힌 애벌레는 온몸이 마비가 되고 결국 죽음을 맞이하지요. 사냥이 끝난 뒤에는 주둥이로 먹이의 체액을 빨아 먹어요. 또 녀석은 종종 자기 몸보다도 몇 배나 더 큰 애벌레를 들고 다녀요. 어떻게 자기 몸보다 더 크고

다리무늬침노린재 약충

무거운 애벌레를 들고 다닐까요? 그 비밀은 녀석의 주둥이 생김새에 숨어 있어요. 녀석의 주둥이에는 작은 돌기가 나 있어 한번 꽂으면 좀처럼 빠지지 않거든요. 그래서 먹이를 들고서도 자유롭게 이동할 수 있답니다.

식물이 좋아하는 다리무늬침노린재

식물은 다리무늬침노린재가 나타나기를 무척 기다려요. 왜냐하면 녀석이 식물의 성장을 방해하는 잎벌레나 애벌레 등을 잡아먹어 주기 때문이죠. 녀석이 나타나면 식물은 아무 걱정 없이 안심하고 쑥쑥 자랄 수 있어요. 녀석은 곤충들에게는 무서운 사냥꾼일지 모르지만 식물에게는 수호천사 같은 존재예요. 농작물에 큰 피해를 주는 여러 해충도 잡아먹기 때문에 우리에게도 아주 이로운 곤충이랍니다.

하나 더 새빨간 고추침노린재

침노린재과에 속하는 곤충 중에는 고추침노린재도 있어요. 녀석은 마치 빨간색 물감 통에 빠졌다 나온 것처럼 몸통이 온통 새빨개요. 덕분에 멀리서도 쉽게 눈에 띄어서 관찰할 수 있어요. 다리무늬침노린재처럼 주로 작은 곤충을 사냥한 뒤 침을 찔러서 체액을 빨아 먹으며 살아간답니다.

고추침노린재

고마로브집게벌레

땅강아지

금강산귀매미

소바구미

녹슬은방아벌레

긴가위뿔노린재

3

누가 더 독특하게 생겼을까?

1
질기고 튼튼한 집게를 가진
고마로브집게벌레

집게벌레목 집게벌레과

고마로브? 어째서 이런 이름이?

'집게벌레'라는 이름은 참 친절해요. 굳이 설명을 많이 하지 않아도 이름만 들으면 어느 정도 생김새나 습성을 알 수 있거든요. 집게벌레들은 이름처럼 끝이 두 가닥으로 갈라진 집게를 가지고 있어요. 우리나라에는 21종의 집게벌레가 살고 있는데, 그중에 고마로브집게벌레라는 아주 독특한 이름을 가진 녀석이 있어요.

독특한 이름에 거창한 뜻이 담겨 있을 거라고 생각했다면 조금 허탈할지도 몰라요. 왜냐하면 '고마로브'란 이 녀석을 맨 처음 발견한 러시아 식물학자의 이름이거든요. 고마로브집게벌레의 독특한 이름에는 이렇게 아주 단순한 뜻이 담겨 있답니다.

가장 긴 집게를 가진 집게벌레

고마로브집게벌레는 우리나라에 서식하는 집게벌레 중에서 가장 긴 집게를 가졌어요. 녀석의 집게는 활처럼 휘어져 있는데 암컷과 수컷의 집게 생김새가 조금 다르답니다. 눈에 띄는 차이는 바로 집게에 돋아 있는 작은 돌기예요. 수컷의 집게는 작은 돌기가 있지만 암컷의 집게는 돌기가 없는 단순한 모양이에요. 기다란 집게가 없다면 녀석은 여느 집게벌레처럼 그리 특별할 것이 없는 평범한 곤충이겠죠.

하지만 녀석의 진면목은 집게가 아니라 딱지날개 속에 숨어 있는 속 날개예요. 고마로브집게벌레는 이 세상 어떤 곤충보다도 화려하고 멋진 속 날개

고마로브집게벌레 수컷

고마로브집게벌레 암컷

를 가지고 있거든요. 녀석은 비행을 할 때에만 속 날개를 펼치기 때문에 비행을 잘 하지 않는 녀석의 특성상 속 날개를 쉽게 관찰하기는 힘들답니다. 어쩌면 속 날개가 너무 예뻐서 꽁꽁 숨겨 두는 것일지도 몰라요.

집게의 쓰임새는 뭘까?

고마로브집게벌레의 집게는 어떤 쓰임새일까요? 단순히 힘을 과시하기 위한 쓰임새일까요? 아니면 실제로 싸움을 하는 쓰임새일까요? 녀석의 행동 하나하나를 자세히 관찰하다 보면 집게의 쓰임새가 여러 가지라는 것을 알 수 있어요.

먼저, 고마로브집게벌레의 집게는 천적의 위협에서 벗어나기 위해 사용돼요. 녀석은 천적이 나타나면 집게를 바짝 들어 올려 금방이라도 꼬집을 것

고마로브집게벌레의 집게

같은 행동을 보이죠. 가위질을 하는 것처럼 계속 집게를 펼쳤다 접었다 하면 천적이 겁을 먹고 그냥 지나쳐 가기도 하거든요. 다음으로 녀석의 크고 긴 집게는 사냥을 할 때에도 아주 요긴하게 사용된답니다. 긴 집게로 꽃에 붙어 있는 작은 곤충들을 쉽게 사냥할 수 있거든요. 또 짝짓기 철에는 암컷을 차지하려고 수컷들끼리 집게로 서로 싸우기도 하는데, 집게가 더 튼튼하고 강한 녀석이 암컷과 짝짓기를 할 수 있는 기회를 얻지요.

🌿 자식 사랑이 유별난 고마로브집게벌레

고마로브집게벌레 암컷은 땅속에 굴을 파고 그 안에 알을 낳아요. 보통 한 번에 알을 20~30개 낳는 것으로 알려졌어요. 암컷은 모성애가 매우 강해서 알이 부화할 때까지 알 주변에 머무르면서 지극정성으로 알을 돌본답니다.

고마로브집게벌레 약충

알이 썩는 것을 막기 위해 수시로 알을 굴리고, 알 주변을 부지런히 청소도 해요.

알이 부화한 뒤에도 어미의 사식 사랑은 끝나지 않아요. 배 속에 넣어 둔 먹이를 토해 내서 새끼들에게 먹이고, 죽고 나서는 자기 몸까지 새끼들을 위해 내주어요. 죽은 어미의 희생 덕분에 새끼들은 더욱 빠르고 건강하게 성장하지요. 자신의 모든 것을 다 바쳐서 자식을 키워 내는 고마로브집게벌레의 자식 사랑이 정말 위대하게 느껴지죠?

하나더 비행을 하지 못하는 큰집게벌레

큰집게벌레는 몸길이가 25~30밀리미터로 주로 논이나 개울가, 바닷가 주변의 모래가 많은 지역에서 살아가요. 녀석은 위협을 느끼면 마치 요가를 하듯이 뒤로 몸을 접어 집게를 치켜세우죠. 고마로브집게벌레와는 달리 녀석은 날개가 퇴화되어 비행을 하지 못한답니다.

큰집게벌레

2
땅굴파기 선수 땅강아지

메뚜기목 땅강아지과

땅강아지 이름의 비밀

왜 이름이 땅강아지일까요? '땅에 사는 강아지'라는 뜻일까요? '강아지'라는 말이 붙어서 친근하기는 한데, 도대체 녀석과 강아지는 무슨 관련이 있는 걸까요? 그 해답은 녀석이 땅을 파는 모습에서 알 수 있어요. 녀석은 땅을 팔 때 흙에 머리를 처박는데, 그 모습이 코를 박고 냄새를 맡는 강아지와 비슷하거든요. 또 온몸에 털이 복슬복슬 나 있어 손으로 만지면 마치 강아지를 쓰다듬는 듯한 느낌이 들어요. 아마도 이런 까닭 때문에 녀석의 이름을 땅강아지라고 지었을 거예요.

땅속을 파고 다니는 데 딱 알맞은 독특한 생김새

땅강아지는 어떻게 땅속을 자유롭게 파고 다니는 걸까요? 비밀은 삽처럼 생긴 넓적한 앞다리에 있답니다. 녀석의 앞다리는 두더지의 앞다리와 아주 많이 닮았는데, 이는 땅을 파는 데 매우 효율적인 구조예요. 게다가 머리가 달걀 모양이라 땅굴로 이동할 때 부딪히는 면적을 아주 작게 할 수 있어요.

그런데 땅속을 이리저리 헤집고 다니는 녀석치고는 차림새가 꽤 깔끔하죠? 흙을 가지고 조금만 놀아도 옷이 지저분해지는 여러분에 비하면 말이죠. 이렇게 땅강아지의 몸이 항상 깨끗한 까닭은 녀석의 몸 전체에 융처럼 아주 작은 털이 촘촘하게 나 있기 때문이에요. 녀석의 몸에 있는 미세한 털은 흙 속의 오염 물질로부터 몸을 보호하고 청결을 유지하는 역할을 한답니다.

땅을 파는 땅강아지

🌿 수영도 비행도 다 가능해요

땅강아지는 땅속 생활뿐만 아니라 수영도 잘해요. 논이나 개울에서 종종 앞다리를 이용하여 헤엄치는 녀석을 볼 수 있을 거예요. 물론 수서곤충이 아니기 때문에 물속에서 오랜 시간을 버틸 수는 없어요. 땅강아지의 헤엄은 어디까지나 천적에게서 도망치려는 생존을 위한 전략이랍니다.

또한 땅강아지는 비행도 곧잘 해서 밤이 되면 불빛을 보고 날아오는 녀석을 볼 수 있어요. 비록 날개는 퇴화되어 작은 편이지만 마음만 먹으면 얼마든지 하늘을 날아오를 수 있죠. 땅굴 파기는 물론, 수영과 비행까지 못하는 게 없는 땅강아지는 만능 재주꾼이에요.

헤엄 치는 땅강아지

익충일까, 해충일까?

땅강아지는 지렁이처럼 땅속을 파고 다니면서 흙 속에 공기를 불어 넣어요. 흙을 기름지게 해 주기 때문에 땅을 터전으로 살아가는 수많은 생물에게 큰 도움을 주지요. 또한 식물의 성장을 방해하는 여러 곤충을 잡아먹어서 농사에도 도움을 주는 익충이라고 할 수 있어요.

하지만 땅강아지가 이렇게 좋은 일만 하는 것은 아니에요. 녀석은 농작물의 뿌리나 줄기를 갉아 먹어 농사에 피해를 주기도 한답니다. 또한 흙을 건강하게 만드는 지렁이와 같은 이로운 동물들도 잡아먹기 때문에 해충이라는 오명도 있어요.

땅강아지 성충

🌿 땅속에서 짝짓기를 해요

땅강아지는 4~7월에 습기가 많은 땅속에서 짝짓기를 해요. 짝짓기가 끝나면 암컷은 깊이 10~30센티미터의 땅속에 흙집을 만들어서 알을 낳아요. 무더기로 낳은 알은 콩 모양과 비슷하게 생겼는데 2~3주가 지나면 부화하기 시작해요.

알에서 깨어난 약충은 자신이 나온 알집을 먹어 치워서 흔적을 없애요. 이는 부족한 영양분을 보충하기 위해서지요. 녀석은 먹이가 부족하면 부화하지 않은 알이나 힘이 약한 형제 약충들을 잡아먹기도 해요. 피도 눈물도 없는 냉엄한 자연의 세계인 것 같지만 살아남기 위해서는 어쩔 수 없는 선택이에요. 조금이라도 건강하고 힘이 센 녀석이 살아남는 것이 종이 오래도록 번성하는 데 더 효과적이라는 것이죠. 녀석은 하루가 다르게 무럭무럭 자라 번데기 과정 없이 모두 네 번의 탈피 과정을 거치면 땅강아지 성충이 되지요.

땅강아지 약충

3
초고속 기관차를 빼닮은 금강산귀매미

매미목 매미충과

🌿 만화 속에서 튀어나온 듯한 금강산귀매미

이번 주인공은 금강산귀매미라는 녀석이에요. 생김새뿐만 아니라 이름도 결코 평범하지 않죠? 맨 처음 녀석을 만났을 때 워낙 생김새가 독특해서 만화 캐릭터로 잘 어울릴 것 같다는 생각이 들었어요. 녀석처럼 이름에 '귀매미'라는 말이 붙은 곤충들은 하나같이 생김새가 독특해요.

아래 사진의 녀석은 아무런 수식어가 붙지 않은 원조 귀매미인데, 금강산귀매미 못지않게 생김새가 독특하죠? 그런데 이 녀석은 수많은 이름 중에서 왜 하필 귀매미라는 이름을 갖게 되었을까요? 귀매미의 가슴을 자세히 관찰해 보면 그 이유를 알 수 있어요. 녀석의 앞가슴 등판에 돌기가 나 있는데, 그 모습이 마치 귀 모양처럼 생겼거든요. 곧, 귀 모양을 닮은 매미라는 뜻에서 붙인 이름이죠.

귀매미

초고속 기관차를 빼닮았어요

 금강산귀매미는 어떻게 생겼을까요? 손톱처럼 생긴 머리 앞부분이 마치 초고속 기관차 KTX를 빼닮지 않았나요? 녀석은 독특한 생김새만큼이나 꾸밈새도 꽤나 파격적이에요. 특히 머리 앞부분에 있는 분홍색 띠가 꼭 립스틱을 바른 것처럼 보이죠?

 어쩌면 녀석이 평소에 잘 보이지 않아서 더 신기하고 독특하게 보일 수도 있어요. 녀석은 주로 잎 뒷면에 숨어 있어 우리 눈에 잘 띄지 않거든요. 게다가 몸 색깔이 나뭇잎을 꼭 빼닮아서 가만히 앉아 있으면 나뭇잎과 녀석을 전혀 구별할 수가 없답니다.

금강산귀매미

나뭇잎 뒷면에 숨은 금강산귀매미

매미충과 매미는 어떻게 다를까?

이름만 보면 '매미'라는 낱말이 있어 매미와 비슷하지 않을까 하고 생각할 지도 몰라요. 하지만 이름만 비슷할 뿐 금강산귀매미는 매미와 생김새나 습성 등 여러 면에서 다르답니다. 금강산귀매미는 매미충과에 속한 곤충인데, 보통 매미충과에 속한 곤충들은 매미과에 속한 곤충들보다 몸집이 더 작고 더 활동적인 편이에요.

또한 매미처럼 날개로 비행을 하기보다는 메뚜기나 여치처럼 점프를 더 많이 하죠. 결정적으로 다른 점은 바로 울음소리예요. 한여름에 시끄럽게 울어 대는 매미들과 달리 매미충들은 전혀 울지를 못해요.

말매미

갈색날개매미충

금강산귀매미는 뛰기를 잘해요

금강산귀매미는 주변에서 위협을 감지하면 톡톡 뛰어서 안전한 곳으로 이동을 한답니다. 녀석은 뛰는 실력이 워낙 뛰어나 집중해서 지켜보고 있어도 순식간에 눈앞에서 사라져 버려요. 몸 색깔도 주변 환경과 매우 비슷해 천적의 시야에서 쉽게 도망칠 수 있지요. 이것이 바로 녀석이 천적의 위협에서 몸을 지키고 살아가는 방법이에요.

하나더 생김새가 아주 비슷한 만주귀매미

귀매미 중에는 금강산귀매미와 생김새가 아주 비슷한 녀석이 있어요. 언뜻 보면 둘을 전혀 구별할 수 없을 정도로 닮았어요. 이름도 금강산귀매미처럼 지명의 이름을 본떠 지었고요. 금강산귀매미와 쌍둥이라고 해도 믿을 것 같은 녀석의 이름은 바로 만주귀매미예요. 하지만 똑같이 생긴 것 같아도 가슴 옆면을 자세히 살펴보면 다른 점이 있답니다. 금강산귀매미는 가슴 옆면이 가시처럼 뾰족하게 돌출되어 있지만 만주귀매미는 가슴 옆면이 완만한 곡선의 형태를 띠고 있지요.

금강산귀매미

만주귀매미

4
보는 각도에 따라 생김새가 전혀 다른 소바구미

딱정벌레목 소바구미과

소를 닮은 곤충도 있을까?

생김새가 소를 닮은 곤충도 있을까요? 정답은 "네"입니다. 소를 닮은 이 녀석의 이름은 바로 소바구미예요. 어떤가요, 정말 소를 닮지 않았나요? 하지만 소와 닮았다고 해서 녀석의 몸집이 아주 큰 것은 아니에요. 녀석은 몸길이가 3.7~6.2밀리미터밖에 되지 않을 정도로 매우 작은 곤충이랍니다. 한 덩치 하는 소와는 비교 자체가 안 되지요. 그저 얼굴 생김새가 소와 닮았다고 해서 소바구미라는 이름을 붙인 거예요. 이렇게 곤충의 이름을 그와 비슷한 동물의 생김새와 연관 지어 짓는다면 생김새만 보고도 금방 곤충의 이름을 맞힐 수 있겠죠?

보는 각도에 따라 얼굴이 달라 보여요

소바구미는 옆모습만 보면 얼굴이 평평하게 생겨서 그저 그런 바구미라고 생각할지도 몰라요. 하지만 앞모습은 옆모습과는 전혀 달라요. 어쩜 그렇

소바구미

게 소와 닮았는지 보면 볼수록 신기할 따름이에요. 하지만 이게 다가 아니에요. 위에서 내려다보면 녀석의 또 다른 모습을 찾을 수 있어요. 툭 튀어나온 두 눈이 마치 농게의 모습을 보는 것 같거든요. 앞에서 봤을 때에는 소뿔처럼 보이지만 위에서 내려다보면 농게의 눈으로 변신을 하는 거죠. 이처럼 소바구미는 보는 각도에 따라 모습이 다양한 변신의 귀재랍니다.

소바구미

흰발농게

🌿 바구미치고는 움직임이 둔해요

소바구미는 생김새가 소를 닮아서인지 움직임이 둔한 편이에요. 보통 바구미과에 속한 녀석들은 주변의 작은 움직임에도 아주 예민한 반응을 보이거든요. 하지만 소바구미는 주변의 움직임에 크게 신경 쓰지 않는 것 같아요. 특히 먹이 활동을 하고 있을 때에는 웬만한 움직임에는 끄떡도 하지 않고 끝까지 먹이를 먹는답니다.

🌰 때죽나무 열매에 알을 낳아요

소바구미는 짝짓기 철이 되면 때죽나무를 찾아온답니다. 때죽나무 열매가 새끼들의 보금자리가 되어 주거든요. 소바구미 부부는 때죽나무 위에서 짝짓기를 하고, 짝짓기가 끝나면 열매에 구멍을 뚫어 그 속에 알을 낳아요. 알에서 부화한 애벌레는 먹이 걱정 없이 씨앗을 파먹으며 무럭무럭 성장해요. 새끼가 건강하게 자랄 수 있게 어미가 열매 속에 알을 낳아 준 덕분이죠. 혹시 때죽나무 열매를 까 보면 그 안에서 열심히 먹이 활동 중인 소바구미 애벌레를 관찰할 수 있을지도 몰라요. 하지만 일부러 열매를 까지는 마세요. 보금자리를 빼앗긴 소바구미 애벌레가 죽을 수도 있거든요.

하나더 온몸에 얽은 자국이 가득한 옻나무바구미

소바구미만큼 생김새가 정말 독특하죠? 온몸에 얽은 자국 같은 구멍이 가득한 이 녀석의 이름은 옻나무바구미예요. 녀석은 주로 참나무류에서 사는데 기다란 주둥이로 수액을 빨아 먹으며 살아간답니다.

옻나무바구미

5
쇠붙이가 녹슨 것 같은 녹슬은방아벌레

딱정벌레목 방아벌레과

이름이 독특한 방아벌레

혹시 방아가 뭔지 알고 있나요? 요즘에는 거의 사용하지 않는 물건이라서 아마 잘 모를 수도 있어요. 하지만 달에 사는 토끼가 방아를 찧는다는 전래 동화 속 이야기를 모르는 친구는 없을 거예요. 방아는 우리 조상들이 곡물 껍질을 벗기거나 가루를 만드는 데 사용했던 농기구예요. 곤충 중에 몸동작이 마치 방아를 찧는 동작과 비슷해 보여서 '방아벌레'로 불리는 녀석이 있어요. 녀석은 몸이 거꾸로 뒤집히면 특유의 동작으로 몸을 다시 뒤집는데, 그 동작이 방아를 찧는 동작과 비슷해 보여서 붙인 이름이죠.

몸이 뒤집힌 녹슬은방아벌레

곡물을 찧는 방아

쇠가 녹슨 것처럼 칙칙한 녹슬은방아벌레

녹슬은방아벌레라는 이름이 아주 독특하죠? 녀석의 몸 색깔은 마치 녹이 슨 쇠처럼 보여요. 흰색과 누런색의 얼룩무늬가 섞인 몸 색깔이 전체적으로 칙칙해서 정말 쇠가 녹슨 것처럼 보이죠. 녀석은 언제나 이렇게 칙칙한 모습

105

녹슬은방아벌레 비행 모습

이라 씻으나 안 씻으나 거의 티가 안 나요. 방아벌레과에 속한 곤충들은 대부분 비슷해서 구별하는 것이 쉽지 않아요. 하지만 이 녀석은 가슴에 돌기가 한 쌍 있어 다른 방아벌레와 쉽게 구별할 수 있답니다.

녹슬은방아벌레

방아 찧기의 비밀

녹슬은방아벌레는 몸이 거꾸로 뒤집히는 것을 아주 싫어한답니다. 녀석은 몸이 거꾸로 뒤집히면 다시 똑바로 일어나려고 발버둥을 치는데, 그 모습이 무척 안쓰러워 보여요. 사람 같으면 손을 짚고 단번에 몸을 뒤집을 수 있겠지만 녀석에게는 그게 쉬운 일이 아니에요.

그럼에도 녹슬은방아벌레가 몸을 뒤집을 수 있는 것은 가슴과 배를 접을 수 있는 유연한 몸 구조 덕분이에요. 녀석의 옆모습을 자세히 살펴보면 가슴과 배가 홀쭉하게 연결되어 있는 것이 보일 거예요. 바로 이 부위 덕분에 가슴과 배를 활처럼 접었다가 펼 수가 있어요.

위협을 느끼면 죽은 척을 해요

녹슬은방아벌레는 바구미과에 속한 다른 곤충들처럼 위협을 느끼면 죽은 척을 한답니다. 몸 색깔이 칙칙해서 땅에 떨어져서 죽은 척 가만히 있으면 천적들이 쉽게 발견하기 어렵기 때문이죠. 하지만 다른 바구미과 곤충들이 깊은 잠에 빠지는 것과 달리 녀석은 살짝 죽은 척 연기만 해요. 그래서 천적이 조금이라도 한눈을 팔면 재빨리 도망치기도 하죠.

죽은 척하는 녹슬은방아벌레

하나더 몸 색깔이 말끔한 검정테광방아벌레

녹슬은방아벌레와 비슷하게 생긴 녀석으로 검정테광방아벌레가 있어요. 두 녀석은 몸의 형태는 매우 비슷하지만 몸에서 풍기는 인상은 전혀 딴판이에요. 몸 색깔이 칙칙한 녹슬은방아벌레와 달리 검정테광방아벌레는 말끔한 편이죠. 특히 불그스름한 누런색을 띤 몸 색깔은 왠지 모르게 기품이 있어 보여요.

검정테광방아벌레

하나더 방아벌레와 닮은 방아벌레붙이

방아벌레와 닮은 곤충으로 방아벌레붙이도 있답니다. 방아벌레와 방아벌레붙이는 몸 구조나 생김새가 서로 닮은 점이 많아서 구별하기가 조금 까다로워요. 하지만 방아벌레붙이는 방아벌레보다 몸이 더 가늘고 기다랗죠. 사진에 나온 녀석은 석점박이방아벌레붙이로, 선명한 빨간색과 검은색이 조화를 이루어 상당히 생김새가 매끈해요.

석점박이방아벌레붙이

6
배 끝에 가위가 달린 긴가위뿔노린재

노린재목 뿔노린재과

집게가 달린 유일한 노린재

곤충 중에 집게가 달린 녀석은 사슴벌레와 집게벌레 등이 있어요. 녀석들은 단단한 집게를 이용하여 적으로부터 자신을 보호하며 살아가죠. 그런데 노린재 중에서도 집게가 달린 녀석이 있답니다. 바로 배 끝에 집게 같은 가위가 달린 긴가위뿔노린재예요. 노린재 중에서 집게가 달린 녀석은 이 긴가위뿔노린재 말고는 없으니, 개성이 아주 뚜렷한 노린재라고 할 수 있죠. 집게벌레처럼 생긴 녀석의 배 끝은 언제 봐도 신기하답니다.

수컷만 가위를 가졌어요

긴가위뿔노린재는 몸길이가 17~19밀리미터로 노린재 중에서는 몸집이 중간 정도이지요. 녀석은 암컷과 수컷의 생김새가 뚜렷하게 다른데, 특히 배 끝이 전혀 다른 모습이에요. 수컷은 가위처럼 생긴 돌기 한 쌍이 뿔처럼 길게 나와 있지만 암컷은 돌기가 없어요.

긴가위뿔노린재 수컷

긴가위뿔노린재 암컷

뿔노린재과에 속한 곤충답게 녀석의 앞가슴 양 옆에는 빨갛게 생긴 뿔이 달려 있어요. 그리고 녀석은 독특하게 생긴 집게 외에도 몸 색깔이 무척 인상적이에요. 녀석의 몸은 전체적으로 선명한 녹색을 띠고 있고, 배 끝과 가슴 부위의 뿔이 붉은색으로 어우러져 있어 예쁘게 보이죠. 하지만 죽고 나면 이 녹색은 온데간데없이 사라지고 대신 칙칙한 갈색으로 변한답니다.

배 끝의 가위는 어떤 역할을 할까?

집게처럼 생긴 가위는 어떤 역할을 할까요? 상대를 공격하는 쓰임새일까요? 아니면 잎을 자르는 데 사용할까요? 살짝 힌트를 주자면 녀석의 집게는 그다지 단단하지 않아요. 단단하지 않은 집게라면 분명 공격을 할 때 사용하지는 않겠죠?

배 끝에 달린 가위의 쓰임새를 알려면 녀석들이 짝짓기를 할 때 유심히 관찰해 보세요. 이 가위는 수컷의 생식기로 암컷과 짝짓기를 할 때 사용되거든요. 생김새는 여느 곤충들의 집게처럼 공격하는 쓰임새로 보이지만 실제로는 알을 낳는 데 필요한 중요한 생식기관이랍니다.

긴가위뿔노린재 수컷의 생식기

긴가위뿔노린재는 어떻게 살아갈까?

긴가위뿔노린재는 주로 층층나무나 벚나무 잎에서 관찰할 수 있어요. 녀석은 위협을 느끼면 잎 뒷면으로 숨는 습성이 있는데 위험한 상황이 계속되면 고약한 냄새로 천적을 쫓아 버리죠. 또 녀석은 여느 노린재들처럼 번데기 과정 없이 알에서 약충을 거쳐 바로 성충이 된답니다. 하지만 아직까지 연구가 부족하여 자세한 생활사가 알려져 있지 않아요. 뿔노린재과에 속한 곤충에는 긴가위뿔노린재 이외에도 에사키뿔노린재, 등빨간뿔노린재, 남방뿔노린재 등이 있어요.

하나 더 동글동글한 무당알노린재

긴가위뿔노린재처럼 특징이 뚜렷한 노린재도 있지만 별다른 특징이 없는 평범한 녀석도 있어요. 몸이 동글동글한 무당알노린재처럼 말이에요. 녀석은 몸길이가 4.5~5.5밀리미터로 몸집이 작은데 멀리서 보면 꼭 알처럼 보여요. 주로 칡이나 팥 등과 같은 콩과 식물의 즙을 빨아 먹으며 살아간답니다.

무당알노린재

팔공산밑들이메뚜기

끝검은말매미충

꽃매미

검은다리실베짱이

왕귀뚜라미

4
누가 더 멀리 뛸까?

1
날개가 퇴화된 팔공산밑들이메뚜기

메뚜기목 메뚜기과

왜 밑들이메뚜기라고 부를까?

'밑들이'라는 이름을 가진 곤충에 대해 들어 본 적이 있나요? '밑들이'란 밑이 위로 들려 있는 곤충에게 붙인 이름인데, 메뚜기과 곤충 중에도 이런 이름이 붙은 녀석이 있답니다. 밑들이메뚜기가 바로 그 주인공이죠. 녀석은 궁둥이 쪽이 위로 들려 있다고 해서 밑들이메뚜기라고 불러요. 하지만 생김새를 보면 이름만큼 궁둥이가 들려 있는 것처럼 보이지는 않아요. 아마 다른 메뚜기들보다 배 끝부분이 위로 들려 있기 때문에 그런 이름이 붙었나 봐요.

팔공산밑들이메뚜기는 밑들이메뚜기 중 팔공산에서 처음 발견되었다고 해서 그런 이름이 붙었어요. 하지만 누가 제일 처음에 발견했는지는 알 수 없어요. 또 팔공산에서만 사는 메뚜기도 아니고요. 녀석은 우리나라 전역에서 발견되는 흔한 메뚜기랍니다.

날개가 퇴화되어 거의 없어요

팔공산밑들이메뚜기는 몸길이가 18~27밀리미터예요. 몸 색깔은 전체적으로 초록색을 띠고 있어 풀숲 환경과 비슷한 보호색임을 알 수 있어요. 녀석은 메뚜기과에 속한 다른 곤충들과 구별되는 독특한 점이 하나 있어요. 바로 날개가 퇴화되어서 흔적만 남아 있다는 점이죠. 원산밑들이메뚜기의 날개를 보면 팔공산밑들이메뚜기의 날개가 얼마나 작은지 확실히 알 수 있을 거예요.

그런데 문제는 날개가 퇴화되면 약충과 성충을 구별하기가 어렵다는 거예

팔공산밑들이메뚜기

원산밑들이메뚜기

요. 왜냐하면 번데기 과정 없이 바로 성충이 되는 곤충은 보통 날개가 있고 없고와 발달 정도를 따져서 약충과 성충을 구별하거든요.

날기보다는 뛰기를 더 잘해요

자, 팔공산밑들이메뚜기의 퇴화된 날개를 찾아볼까요? 녀석의 몸통을 자세히 들여다보면 붉은색을 띤 부위가 보일 거예요. 바로 이 부분이 녀석의 날개랍니다. 정말 날개가 생기다 말았죠? 팔공산밑들이메뚜기는 날개가 거의 없기 때문에 잘 날아다닐 수가 없어요.

하지만 잘 발달된 튼튼한 뒷다리로 재빠르게 뛰어다닐 수 있답니다. 위협에 대처하기 위해 나는 것보다는 뛰는 것을 더 효율적으로 할 수 있게 진화한 거죠. 녀석들은 잎 위에 앉아 쉬고 있다가도 사람이 접근하면 슬금슬금

팔공산밑들이메뚜기

다리를 움직여 도망갈 준비를 해요. 그러다가 위협을 느끼면 뒷다리로 힘껏 뛰어서 도망을 간답니다.

땅속에 알을 낳아요

팔공산밑들이메뚜기는 여름철 풀숲에서 쉽게 볼 수 있어요. 녀석들은 주로 식물의 잎에 앉아서 따뜻한 햇볕을 쬐면서 짝짓기를 하죠. 짝짓기를 끝낸 암컷은 산란관을 땅속에 꽂아서 알을 낳아요. 알 상태로 추운 겨울을 보낸 뒤, 이듬해 봄이 되면 알에서 깨어난답니다. 알에서 깬 약충들은 주로 식물의 잎이나 줄기를 갉아 먹고 살아가지요. 초여름 무렵이면 성충으로 자란 팔공산밑들이메뚜기를 만날 수 있어요.

팔공산밑들이메뚜기의 짝짓기

🌿 메뚜기 점프에 숨은 비밀

메뚜기는 자기 몸의 스무 배가량을 뛸 수 있다고 해요. 메뚜기 중에는 10센티미터도 채 안 되는 작은 몸으로 자그마치 2.6미터 높이까지 뛰는 녀석도 있죠. 메뚜기의 뛰어난 점프 능력의 비밀은 '레실린'이라는 단백질에 숨어 있어요. 이 성분은 메뚜기가 착지할 때 충격을 줄이는 역할을 해요. 또 떨어질 때의 충격의 대부분을 탄성에너지로 바꾸어 준답니다.

하나더 방아깨비를 닮은 섬서구메뚜기

이 녀석의 이름은 섬서구메뚜기예요. 언뜻 보면 방아깨비와 많이 닮았는데 방아깨비보다 몸집이 더 작고 뒷다리도 짧은 편이에요. 특히 암컷보다 수컷의 몸집이 워낙 작아서 짝짓기를 하는 모습을 보면 마치 엄마가 아기를 업고 있는 것처럼 보인답니다.

섬서구메뚜기   방아깨비

2
풀숲 사이를 뛰어다니는 끝검은말매미충

매미목 매미충과

🌿 울지 못하는 매미충

한여름에 숲길을 걷다 보면 풀잎이나 나뭇잎 사이로 뛰어다니는 작은 곤충을 볼 수 있을 거예요. 메뚜기처럼 잘 뛰어다니는 이 녀석의 이름은 바로 끝검은말매미충이랍니다. 이름에 '매미'가 들어 있지만 녀석은 매미과에 속한 곤충이 아니라 매미충과에 속한 곤충이에요. 그래서 매미처럼 맴맴 하고 울지를 못해요. 녀석은 조용한 데다가 크기도 매미보다 작아서 매미와는 다른 종류의 곤충이라는 것을 알 수 있답니다.

🌿 끝검은말매미충의 생김새를 알아볼까?

우리나라에는 250종 이상의 매미충이 있는 것으로 알려졌어요. 그중에 끝검은말매미충은 이름만으로도 생김새를 어느 정도 알아차릴 수 있는 아주 정직한 이름을 가진 곤충이죠. 이름처럼 날개 끝의 검은 무늬가 무척 인상적이거든요.

끝검은말매미충

녀석은 머리가 앞으로 툭 튀어나와 있어 그 모습이 꼭 활짝 웃는 아이처럼 귀여워요. 황록색을 띤 몸 색깔이 자칫 밋밋하게 보일 수도 있지만 머리와 가슴에 찍힌 검은 점들이 녀석을 돋보이게 해 주네요. 신기한 것은 녀석이 살아 있을 때에는 몸 색깔이 황록색을 띠지만 죽은 뒤에는 주황색으로 변한다는 거예요. 이렇게 몸 색깔이 변하는 것은 몸 표면이 산소와 접촉해서 산화되거나 몸 안의 기관들이 부패되면서 탈색되기 때문이랍니다.

궁금해요 '말'은 무슨 뜻일까?

이름에 '말' 자가 들어간 곤충이 몇몇 있어요. 이름에 사용된 '말'은 '크다'는 뜻을 가지고 있어요. 예를 들면 벌 중에서 몸집이 큰 벌을 말벌, 매미 중에서 가장 몸집이 큰 녀석을 말매미라고 해요. 이처럼 곤충 이름 앞에 '말'이 들어가면 다른 곤충보다 몸집이 큰 경우가 많아요. 끝검은말매미충도 다른 매미충보다 유달리 덩치가 더 크기 때문에 붙인 이름이겠죠?

예민한 성격이라 재빨리 도망쳐요

끝검은말매미충은 주변의 움직임에 상당히 예민한 편이에요. 그래서 관찰을 할 때도 좀처럼 거리를 내주지 않죠. 녀석은 주변 상황을 예리하게 지켜보다 천적이 나타나면 잎 뒷면이나 풀숲 깊숙한 곳으로 이동해요. 옆걸음질이나 뒷걸음질에도 능숙한 편이어서 숨바꼭질하듯이 재빨리 도망치죠. 그래도 위협이 잦아들지 않으면 점프를 해서 다른 나무나 풀숲으로 이동을 해 버려요. 최대한 멀리 이동을 해야 그만큼 생존 확률도 높아지기 때문에 녀석은

끝검은말매미충

끝검은말매미충

도망칠 때 있는 힘을 다해 멀리 뛴답니다.

🌿 어릴 적 모습은 어떨까?

끝검은말매미충은 약충 시기의 모습이 독특해요. 위에서 보면 마치 물고기를 보는 것 같은데, 그 모습이 아주 귀엽죠. 손톱으로 누르면 금방이라도 터져 버릴 것처럼 연약해 보이지만 끈질긴 생명력은 여느 생물 못지않답니다.

끝검은말매미충 약충

다 자란 끝검은말매미충은 집단으로 모여 식물에 피해를 주기도 해요. 식물의 즙을 빨아 먹는 데다가 또 녀석들이 배설을 하면 그곳에 그을음병이 발생해서 식물이 병들거든요. 이래저래 농민들에게 꼴 보기 싫은 곤충들 중 하나가 바로 이 녀석이에요.

하나더 신부날개매미충도 있어요

같은 매미충과에 속한 곤충인데 생김새가 많이 다르죠? 이 녀석의 이름은 신부날개매미충이에요. 날개의 생김새가 전체적으로 매미와 비슷해 보이죠. 진딧물이나 멸구 등 매미목에 속한 곤충들은 생김새가 워낙 제각각이지만 자세히 들여다보면 매미와 닮은 구석이 한두 군데 있답니다.

신부날개매미충

3
생애 전 과정이 화려함 그 자체인 꽃매미

매미목 꽃매미과

🌿 예쁜 이름을 가진 꽃매미

꽃매미는 이름이 참 예뻐요. 하지만 녀석은 이름처럼 우리에게 환영받는 곤충은 아니에요. 농작물에 큰 피해를 끼치는 해충이라는 이미지가 강한 데다가 몸 색깔이 지나치게 화려해 괴기스러운 느낌을 주거든요.

이렇게 우리나라에서는 푸대접을 받는 꽃매미이지만 인도나 중국, 베트남과 같은 일부 국가에서는 화려한 생김새로 인기가 많다고 해요. 똑같은 곤충인데도 문화나 지역에 따라 전혀 다른 대접을 받는다는 게 참 재미있죠?

🌿 꽃매미, 너 어디에서 왔니?

꽃매미는 중국에서 건너온 곤충으로 알려져 있어요. 꽃매미가 황사를 타고 왔다거나 무역선에 실린 컨테이너에 딸려 우리나라에 들어왔을 거라고 추측하기도 하죠.

하지만 녀석은 1930년대 이전부터 이미 우리나라에서 서식했다고 해요. 오래전부터 우리나라에 정착한 외래종이죠. 요즘 들어 녀석들이 문제가 되는 것은 빠른 속도로 번식하고 있기 때문이에요. 이러한 원인에는 우리 책임이 크다는 것을 알아야 해요. 기후변화와 숲 생태계의 변화가 꽃매미의 빠른 번식에 영향을 주고 있거든요.

🌸 강한 뒷다리로 뛰어다녀요

꽃매미는 몸길이가 14~15밀리미터로 이름뿐만 아니라 생김새까지도 매미와 비슷하죠. 하지만 녀석은 발음기관이 없어서 매미처럼 울 수가 없어요. 대신 녀석에겐 꽃매미라는 이름처럼 꽤 화려한 날개가 있어요. 물론 우리가 그다지 좋아할 만한 색은 아니지만요.

녀석은 활짝 편 날개 길이가 40~50밀리미터로 날개가 길지만 썩 잘 날지는 못해요. 오히려 나는 것보다 뛰는 것을 훨씬 더 잘하죠. 녀석은 나무줄기를 기어가다가 위협을 느끼면 강한 뒷다리를 이용하여 이리저리 나무 사이를 뛰어다닌답니다. 워낙 순식간에 뛰기 때문에 계속 보고 있어도 녀석의 위치를 찾지 못하는 경우가 많아요.

꽃매미의 다리

🌸 약충의 몸 색깔이 매우 독특해요

꽃매미는 알 상태로 겨울을 보내요. 녀석은 나무껍질에 달라붙은 채 겨우내 꼭꼭 숨어 있다가 이듬해 봄이 되면 드디어 약충으로 모습을 드러내요. 알에서 깬 약충들은 주로 떼를 지어 출몰하는데, 그 모습이 아주 독특해요. 특히 머리에는 뿔처럼 생긴 입이 달려 있어 마치 외계인을 보는 것 같아요. 몸 색깔도 성충 못지않게 매우 화려해서 녀석의 괴기스러운 생김새가 한층

꽃매미 2령 약충

꽃매미 4령 약충

더 돋보여요.

  부화한 지 얼마 되지 않은 어린 약충의 몸통은 검은색 바탕에 하얀색 점들이 찍혀 있어요. 하지만 시간이 지날수록 검은색 대신 빨간색으로 몸통 색깔이 변한답니다. 이것은 녀석이 점점 성충으로 변해가고 있다는 증거예요. 알에서 깨어난 후 두 달 정도 지나면 다 자란 성충을 만날 수 있답니다.

하나더 꽃매미를 닮은 희조꽃매미

희조꽃매미는 얼핏 꽃매미와 많이 닮은 것처럼 보여요. 하지만 날개를 유심히 살펴보면 서로 다른 종이라는 것을 알 수 있어요. 검은색 둥근 무늬가 새겨진 꽃매미와는 달리 희조꽃매미는 날개 무늬가 나무껍질과 비슷하거든요. 참고로 희조꽃매미는 중국에서 건너온 꽃매미와는 다르게 우리나라의 토종 꽃매미랍니다.

희조꽃매미

4
여름을 노래하는 검은다리실베짱이

메뚜기목 여치과

🌿 베짱이는 정말 게으를까?

《이솝우화》에 나오는 〈개미와 베짱이〉 이야기를 한번쯤 들어 봤을 거예요. 이 이야기에서는 베짱이를 아주 게으른 곤충으로 묘사하고 있어요. 여름에 실컷 놀다가 겨울이 되니 먹을 것이 없어 쫄쫄 굶는 모습으로 말이에요.

하지만 베짱이는 게으른 곤충이 아니에요. 여름 내내 부지런히 먹이 활동을 하며 살아가거든요. 게다가 날씨가 추워지면 활동을 하지 않아서 겨울에는 만날 수도 없죠. 어디까지나 꾸민 이야기일 뿐이에요. 녀석이 노래를 하는 것은 즐겁게 놀기 위한 행동이 아니에요. 또 모든 베짱이가 노래를 하는 것도 아니고요. 노래를 하는 것은 수컷 베짱이인데, 녀석이 노래를 하는 까닭은 암컷과 짝짓기를 하기 위해서랍니다.

궁금해요 왜 '베짱이'라고 부를까?

'베'는 실로 짠 천을 말해요. 우리 조상들은 예로부터 베를 짜 옷감을 만들었지요. 그런데 베를 짜는 소리가 마치 베짱이의 울음소리와 비슷하게 들렸나 봐요. 그래서 녀석의 이름을 베를 짜는 작은 곤충이라는 뜻에서 베짱이로 지었답니다.

🌿 보호색을 띤 검은다리실베짱이

무더운 여름철에 시골길을 걷다 보면 유난히 눈에 많이 띄는 베짱이가 있어요. 풀숲이나 나뭇잎 할 것 없이 발에 차일 만큼 흔하게 보이는 녀석들의 이름은 검은다리실베짱이예요.

검은다리실베짱이

전체적인 생김새는 실베짱이와 비슷한데 맨 뒷다리 종아리마디가 검은색을 띠고 있다는 점에서 실베짱이와 구별이 되죠. 녀석은 몸 색깔이 전체적으로 초록색을 띠고 있어요. 특히 초록색 바탕의 몸에 검은색 점들이 불규칙하게 흩어져 있어 풀숲에 숨으면 찾기가 쉽지 않아요. 이는 주변 환경과 비슷한 보호색으로, 천적의 눈에 띄지 않기 위한 방어 전략이랍니다.

더듬이와 뒷다리가 매우 길어요

검은다리실베짱이는 더듬이가 무척 길어요. 그래서 사진을 찍으면 더듬이

검은다리실베짱이

가 다 나오지 않기도 해요. 녀석은 긴 더듬이를 바짝 내리기도 하고 또 올리기도 하면서 시시각각 변하는 주변의 움직임을 감지해요.

녀석의 맨 뒷다리는 더듬이만큼 긴 편인데, 녀석은 앉아서 쉴 때 뒷다리를 쭉 늘어뜨리고 있다가 위협을 느끼면 재빨리 구부려요. 언제든지 뛰어서 도망칠 수 있는 자세로 준비하는 거죠. 그러다 위협이 멈추지 않으면 높이 뛰어서 다른 곳으로 날아가 버린답니다.

긴 더듬이와 뒷다리는 녀석이 생존하는 데 가장 중요한 신체 부위라고 할 수 있어요.

🌿 개체 수가 매우 많아요

검은다리실베짱이는 주로 햇볕이 잘 드는 나뭇잎이나 풀숲에서 관찰되는 곤충이에요. 녀석은 풀을 먹는 초식성으로 알려져 있지만 때로는 죽은 곤충을 먹기도 할 만큼 먹성이 좋은 편이에요.

봄이 되면 여기저기서 짝짓기를 하는 녀석들을 만날 수 있는데, 짝짓기가 끝난 암컷은 낫처럼 생긴 산란관을 이용하여 나뭇잎이나 줄기 속에 알을 낳는답니다. 초여름이면 알에서 깬 약충들이 풀숲 곳곳에서 먹이 활동을 하는 모습을 만날 수 있어요. 어디를 가든지 쉽게 볼 수 있을 만큼 개체 수가 아주 많은 편이에요.

검은다리실베짱이 어린 약충

검은다리실베짱이 종령 약충

녀석들은 부지런히 먹이 활동을 하면서 하루가 다르게 성장해요. 더운 여름이 시작될 무렵이면 줄기나 잎에서 햇볕을 쬐고 있는 검은다리실베짱이 성충을 만날 수 있답니다.

하나더 몸통이 통통한 날베짱이

베짱이 중에는 날베짱이도 있어요. 녀석은 검은다리실베짱이와 몸길이가 비슷하지만 몸통이 훨씬 더 통통한 편이에요. 몸집이 크고 성질도 온순한 편이어서 웬만한 움직임에는 잘 도망치지 않아요. 몸 색깔은 전체적으로 녹색을 띠고 있고, 특히 앞다리의 넓적다리마디가 붉은빛의 갈색을 띠는 것이 특징이랍니다.

날베짱이

5
가을을 대표하는 곤충 왕귀뚜라미

메뚜기목, 귀뚜라미과

🌿 사람에게 이로운 울음소리

 매미가 여름을 대표하는 곤충이라면 귀뚜라미는 가을을 대표하는 곤충이죠. 가을이 깊어 갈수록 매미의 울음소리는 사라지고 귀뚜라미의 울음소리로 가득하니까요. 울음소리가 아름다운 귀뚜라미 중에는 유달리 몸집이 큰 왕귀뚜라미가 있어요. 녀석의 울음소리는 사람의 정신 건강에도 좋고 뇌를 활성화시키는 데에도 효과가 크다고 해요. 그래서 요즘에는 녀석의 울음소리를 듣기 위해 녀석을 애완 곤충으로 집에서 기르는 사람도 많아지고 있답니다.

🌿 꼬리털이 감각기관이에요

 왕귀뚜라미는 몸길이가 26~40밀리미터로 다른 귀뚜라미과에 속한 곤충보다 두 배가량 몸집이 커요. 이와 달리 성격은 소심한 편이에요. 다른 곤충들보다도 주변의 움직임에 훨씬 더 예민한 반응을 보이는데, 그 까닭은 꽁무니 쪽에 감각기관의 역할을 하는 꼬리털이 잘 발달되어 있기 때문이에요.

왕귀뚜라미

왕귀뚜라미 암컷

    녀석은 두 가닥의 꼬리털을 이용하여 언제 닥칠지 모르는 천적의 위협에 대비해요. 암컷의 경우에는 꼬리털 사이에 창처럼 생긴 긴 산란관이 하나 더 있어 꼬리털이 세 가닥처럼 보여요. 왕귀뚜라미는 몸 색깔이 전체적으로 짙은 갈색을 띠고 있는데 흙이나 돌 틈 사이에서 살아가는 녀석에게는 훌륭한 보호색이지요.

🌺 아름다운 울음소리의 비밀

"귀뚤! 귀뚤! 귀뚜르르!" 왕귀뚜라미 울음소리는 아름다워요. 녀석은 어

왕귀뚜라미 수컷

떻게 이런 울음소리를 만들어 낼까요? 그 비밀은 수컷 왕귀뚜라미의 날개에 숨어 있답니다. 녀석은 오른쪽 날개와 왼쪽 날개를 비벼서 소리를 내요. 또한 날개를 비비는 힘과 각도를 조절해서 상황에 어울리는 여러 울음소리를 낼 수 있죠.

이렇게 수컷 왕귀뚜라미가 우는 까닭은 자신의 영역을 지키기 위해서예요. 자기 땅을 침범하지 말라고 다른 녀석들에게 경고를 하는 것이죠. 이때 울음소리는 평소와는 달리 상당히 거친 편이에요.

녀석은 짝짓기를 하려고 암컷을 유혹할 때에도 울어요. 이때는 거친 울음소리 대신 부드럽고 편안한 울음소리를 내죠. 녀석들의 울음소리를 귀 기울

왕귀뚜라미 수컷의 날개

여 듣다 보면 경고의 표현인지, 아니면 짝을 부르는 사랑의 표현인지 구별할 수 있을지도 몰라요.

왕귀뚜라미는 어떻게 성장할까?

짝짓기를 끝낸 왕귀뚜라미 암컷은 흙 속에 알을 낳아요. 보통 습기가 많은 땅속에 바늘처럼 생긴 산란관을 꽂아서 알을 낳죠. 녀석은 알 상태로 땅속에서 겨울을 포함하여 6~7개월을 보낸 뒤에 부화를 한답니다. 알에서 갓 깨어난한 약충은 식물성 먹이를 먹으며 성장해요. 6~8회 탈피 과정을 거쳐 성충

왕귀뚜라미 약충

좀 더 자란 왕귀뚜라미 약충

이 된답니다.

하나더 나도 귀뚜라미예요

평소에 봤던 귀뚜라미와는 많이 다르죠? 온몸이 선명한 녹색을 띤 이 녀석의 이름은 청솔귀뚜라미예요. 다른 귀뚜라미들의 몸 색깔이 짙은 갈색을 띠는 것과는 대조적이죠. 생김새도 귀뚜라미보다는 여치나 베짱이 쪽에 가까워 보이고요. 청솔귀뚜라미는 예전에는 주로 남부 지방에서 발견되었지만 최근에는 서울, 경기 지역에서도 관찰이 가능할 만큼 그 수가 많아지고 있답니다.

청솔귀뚜라미

참밑들이

뱀허물쌍살벌

청가뢰

말매미

흰제비불나방

5

누가 더 생활사가 독특할까?

1
선물을 주고 짝짓기를 하는 참밑들이

밑들이목 밑들이과

밑이 들린 참밑들이?

아마 우리 친구들은 주변에서 참밑들이를 본 적이 거의 없을 거예요. 녀석은 오염되지 않은 깨끗한 환경을 좋아해서 사람들 눈에 쉽게 띄지 않거든요. 그런데 참밑들이라는 이름이 무척 독특하죠? 앞에서 살펴보았듯이 '밑들이'라는 말은 글자 그대로 '밑이 들려 있다'는 뜻이에요.

참밑들이 수컷의 생김새를 살펴보면 배 끝이 위쪽으로 들려 있음을 알 수 있답니다. 곧, 밑이 위로 들려 있다고 해서 참밑들이라고 불리는 거죠. 낯선 이름이지만 그 뜻을 알고 나니 귀에 쏙 들어오는 이름이죠?

전갈을 닮은 참밑들이

참밑들이는 몸길이가 12~15밀리미터로 생김새가 아주 독특한 녀석이에요. 서양에서는 '스콜피온플라이스'라고 부를 만큼 그 모습이 전갈과 많이 닮았어요. 특히 참밑들이 수컷의 배 끝은 위로 말려 있어 전갈의 꼬리와 비슷하죠.

몸 색깔은 수컷과 암컷이 각각 다른데, 수컷은 주로 검은색을 띠지만 암컷은 누런색을 띠어요. 또 참밑들이는 날개가 몸을 덮을 만큼 크고 길어요. 특히 앞날개에는 검은색을 띤 무늬가 불규칙적으로 나 있는데 색깔의 변이가 무척 심하죠.

참밑들이 수컷

참밑들이

그리고 녀석은 머리가 길게 튀어나와 있어 옆에서 보면 새 부리처럼 재미있는 모습이에요. 또 입은 작은 곤충이나 식물 부스러기를 잘 씹을 수 있는 형태이지요.

짝짓기를 위해 선물을 해요

여러분은 주로 어떤 때 선물을 하나요? 아마 축하할 일이 있거나 고마운 마음을 표현할 때 선물을 할 거예요. 곤충 중에서도 선물을 하는 녀석들이 있는데, 그중 대표적인 곤충이 바로 참밑들이예요. 참밑들이 수컷은 번식기가 되면 암컷의 마음을 얻으려고 먹이를 선물해요. 선물이 마음에 안 들면 암컷이 짝짓기를 거부하니 정성을 다해 선물을 마련해야 하죠.

알을 낳으려면 영양소를 충분히 섭취해야 하니까 암컷은 치밀하게 선물을 골라요. 그래야 건강한 알을 낳고 새끼가 튼튼하게 성장할 수 있을 테지요. 암컷은 수컷이 선물한 먹이가 마음에 들면 짝짓기를 허락해요. 수컷은 암컷이 먹이를 먹는 동안 배 끝이 위로 들린 생식기를 이용하여

참밑들이의 짝짓기

짝짓기를 한답니다.

 ### 깨끗한 환경에서만 살 수 있어요

참밑들이는 알, 애벌레, 번데기, 성충의 과정을 거치는 완전변태를 해요. 또한 녀석은 한반도 고유종으로 우리나라 전역에 분포하고 있어요. 특히 녀석은 해가 비치지 않는 그늘진 숲이나 계곡 주변에서 주로 살고, 오염된 환경에서는 잘 살아갈 수 없어요. 그러니 녀석이 멸종되지 않으려면 그만큼 환경을 보호하려는 노력이 필요하죠. 여름철 계곡으로 여행을 가면 잎에 앉아 쉬고 있는 참밑들이를 꼭 한번 관찰해 보세요.

궁금해요 고유종이란?

어느 한 지역에서만 살아가는 종으로, 다른 곳에서는 볼 수 없는 종을 말해요. 대부분 학술적인 가치가 높아서 천연기념물로 지정하거나 멸종 위기 종 등으로 지정하여 보호하지요.

금개구리

가재

고라니

2
뱀 허물처럼 집을 짓는 뱀허물쌍살벌

벌목 말벌과

왜 뱀허물쌍살벌이라고 부를까?

나뭇가지에 대롱대롱 매달린 벌집을 본 적이 있나요? 마치 뱀 허물처럼 아래로 축 늘어진 벌집 말이에요. 이렇게 독특한 집을 짓는 녀석의 이름은 바로 뱀허물쌍살벌이랍니다. 관찰력이 아주 좋은 친구라면 녀석의 집을 숲에서 본 적이 있을 거예요.

그런데 왜 녀석을 '쌍살벌'이라고 부르는지 알고 있나요? 생김새가 살벌하게 생겨서 그런 걸까요? 쌍살벌이라는 이름은 녀석이 비행할 때의 모습에서 비롯되었어요. 녀석은 비행을 할 때 맨 뒷다리를 축 늘어뜨리고 날아가는데, 그 모습이 마치 막대기를 들고 가는 모습과 닮았거든요. 두 다리가 살(가는 나무 막대기)처럼 보인다고 해서 쌍살벌이라는 이름이 붙은 거죠.

뱀허물쌍살벌은 어떻게 생겼을까?

장수말벌이 힘이 센 무서운 장수 같다면 뱀허물쌍살벌은 몸놀림이 민첩한 무사 같은 느낌이에요. 녀석은 말벌과에 속한 다른 녀석들보다 몸집이 작고 늘씬한 편이죠. 암컷의 몸길이는 15~22밀리미터, 수컷은 10~13밀리미터로 암컷이 수컷보다 몸집이 더 커요. 또한 녀석은 큰뱀허물쌍살벌과 생김새가 매우 비슷해서 구별하기가 어려워요. 둘을 구별하려면 머리에 있는 방패 모양 중간에 세로줄이 있는지 없는지를 확인해야 해

뱀허물쌍살벌

뱀허물쌍살벌

큰뱀허물쌍살벌

큰뱀허물쌍살벌의 집

요. 세로줄이 있으면 뱀허물쌍살벌이고, 없으면 큰뱀허물쌍살벌이거든요. 이것을 제외하면 말벌과에 속한 다른 녀석들과 쉽게 구별할 수 있답니다.

꼬마장수말벌의 벌집 공격

 무서운 생김새와는 달리 온순해요

뱀허물쌍살벌은 장수말벌이나 털보말벌보다 상당히 성질이 온순해요. 장수말벌이 벌집으로 쳐들어와 애벌레를 사냥할 때에도 녀석은 맞서서 싸우려 하지 않아요. 몸집도 장수말벌보다 더 작고, 독침의 강도도 훨씬 더 약해서 아예 싸움을 포기하는 거죠. 장수말벌이 집단을 이루어 공격하면 녀석이 만든 벌집은 순식간에 초토화되고 말거든요.

하지만 녀석의 독침을 결코 얕보아서는 안 돼요. 녀석이 가진 독침은 꿀벌보다 훨씬 더 강력하기 때문이에요. 숲속에서 뱀 허물처럼 생긴 벌집을 보면 녀석들이 만든 집일 수도 있으니 조심해서 지나가야 해요.

 모성애가 매우 강한 벌이에요

뱀허물쌍살벌은 4~9월까지 활동을 하다 날씨가 추워지는 겨울이 되면 활동을 하지 않아요. 추위에 약하기 때문에 겨울에는 주로 썩은 나무나 낙엽 속에 들어가 매서운 추위를 이겨 내죠. 그러다 날씨가 따뜻한 봄이 되면 하나둘씩 활동하는 녀석들의 모습이 보이기 시작해요. 봄에 녀석이 가장 먼저

뱀허물쌍살벌의 집

알집을 만드는 뱀허물쌍살벌

하는 일은 나뭇잎 줄기와 분비물 등을 뭉쳐서 집을 만드는 거예요. 이렇게 정성스럽게 집을 짓는 까닭은 알을 낳기 위해서예요. 뱀허물쌍살벌은 알을 잘 키우기 위해서 어떤 노력도 마다하지 않는, 모성애가 아주 강한 곤충이거든요.

특히 녀석은 알을 낳은 뒤에는 더욱더 지극정성으로 알을 돌봐요. 하루 종일 집 주변에 머물면서 적절한 온도와 습도를 유지하기 위해 온갖 노력을 다한답니다. 해가 쨍쨍 내리쬐는 날이면 집에 물을 뿌린 후 날갯짓을 해서 온도를 낮추고, 비가 내리는 날에는 입으로 물을 빨아 내서 습도를 유지하죠. 사람 못지않은 뱀허물쌍살벌의 자식 사랑이 정말 감동적이지 않나요?

왜 집을 뱀 허물처럼 지을까?

뱀허물쌍살벌은 집을 왜 뱀 허물 모양으로 지을까요? 먼저 녀석이 만든 알집 하나를 자세히 들여다볼까요? 어디서 많이 본 듯한 도형이죠? 뱀허물쌍살벌이 만든 알집은 여느 벌집처럼 육각형 모양이에요. 녀석은 알집 방을 하나씩 만들어서 그 안에다 알을 낳는답니다.

그런데 재미있는 사실은 한번 사용한 알집은 재활용하지 않는다는 거예요. 그 까닭은 깨끗한 알집에 알을 낳아야 더 튼튼하고 건강하게 자랄 수 있기 때문이지요. 그렇게 알집을 잇달아 짓다 보면 나뭇가지에서 축 늘어지는 모양이 되는데, 그 모습이 마치 뱀 허물처럼 보이는 거죠. 녀석이 왜 뱀 허물처럼 생긴 집을 짓는지 이제는 잘 알 수 있겠죠?

하나 더 항아리처럼 생긴 벌집도 있어요

항아리처럼 생긴 이 집은 호리병벌이 만든 집이에요. 정말 호리병처럼 정교하게 만들었죠? 이렇게 독특한 집을 만든 까닭은 천적에게서 알을 보호하기 위해서예요. 녀석은 진흙과 침 등을 이용하여 단단하게 집을 만들어요. 그러고 나서 집이 완성되면 어미는 알집 속에 알과 함께 나비나 나방 애벌레를 잡아 산 채로 넣어 두죠. 부화한 새끼들은 신선한 애벌레를 먹으며 무럭무럭 자란답니다.

호리병벌

호리병벌의 집

3
힘겹게 살아가는 청가뢰

딱정벌레목 가뢰과

🌿 치명적인 독을 가졌어요

가뢰과에 속한 곤충들은 손으로 만지면 매우 위험해요. 치명적인 독성 물질을 몸에 지니고 있기 때문이에요. 녀석은 위협을 느끼면 노란색 액체를 분비하는데, 바로 이 물질에 '칸타리딘'이라는 강한 독성분이 들어 있어요. 칸타리딘은 적은 양을 마셔도 사람이 죽을 수 있을 만큼 독성이 매우 강해서 예로부터 사약을 만드는 재료로 사용되었어요.

하지만 정반대로 이 독성 물질은 피부병을 앓고 있는 사람들을 고치는 치료제로 사용되기도 했어요. 강력한 독성 물질이 사람을 죽일 수도 있고, 또 치료할 수도 있다는 사실이 참 신기하고 흥미롭죠?

🌿 청가뢰는 어떻게 생겼을까?

청가뢰는 몸길이가 20~43밀리미터로 몸의 크기가 다양한 편이에요. 녀석은 비교적 통통한 몸집에 비해 머리가 작아요. 머리 모양은 전체적으로 삼각형이지만 뒤쪽은 둥글둥글한 형태예요.

앞에서 본 얼굴은 외계 생명체처럼 아주 기괴해요. 특히 녀석은 입이 매우 독특하게 생겼는데, 이는 식물의 잎이나 줄기를 갉아 먹기에 적합한 형태랍니다.

하지만 청가뢰의 생김새 중 가장 눈길을 끄는 것은 바로 몸 색깔이에요. 녀석의 몸 색깔은

청가뢰

푸른빛을 띤 초록색인데 맑은 날 딱지날개에 햇빛이 비치면 반짝반짝 고운 빛깔이 나타나요. 녀석은 어디에서도 보지 못한 이 아름답고 독특한 빛깔로 우리의 시선을 사로잡지요.

가혹한 생존 이야기의 주인공

따뜻한 봄, 짝짓기를 끝낸 암컷은 수천 개가 넘는 알을 땅속에 낳아요. 왜 그렇게 많은 알을 낳는 걸까요? 수천 개나 되는 알 중에서 성충이 되는 녀석은 고작 10퍼센트에 지나지 않기 때문이에요. 나머지 90퍼센트는 성충이 되지 못한 채 싸늘한 죽음을 맞이하죠. 이렇게 생존율이 낮은 까닭은 녀석의 독특한 생활사 때문이에요.

알에서 부화한 청가뢰 애벌레가 살아남으려면 뒤영벌과에 속한 벌의 등에 올라타야만 해요. 왜냐하면 뒤영벌이 낳은 알을 먹어야만 애벌레가 살아

청가뢰의 짝짓기

뒤영벌과에 속한 띠호박벌

갈 수 있거든요. 하지만 이 과정에서 수많은 애벌레가 죽음을 맞이하고 말아요. 땅에서 줄기를 타고 꽃에 오르다 떨어지거나 뒤영벌과가 아닌 다른 곤충의 등에 올라타서 죽음을 맞이하는 거죠. 결국 번식 성공률을 높이려면 좀 더 많은 알을 낳아야만 해요. 그렇게 해야 종을 유지하고 살아갈 수 있거든요. 녀석의 독특한 생활사가 정말 가혹하지 않나요?

점점 사라져 가는 청가뢰

청가뢰는 비교적 환경이 깨끗한 개울가 주변의 풀숲에서 만날 수 있어요. 하지만 요즘 들어 우리 주변에서 좀처럼 보기 힘들어졌어요. 환경이 오염되고 파괴되면서 녀석들의 삶의 터전이 급격하게 사라지고 있기 때문이에요. 다시 한 번 강조하지만 무수히 얽힌 생태계 속에서 한 종의 멸종은 그 종만의 문제로 끝나지 않아요. 이는 결국 인간의 삶에도 나쁜 영향을 준다는 사실을 기억해야 해요.

청가뢰의 서식지

4
기나긴 땅속 생활 끝에 나타난 말매미

매미목 매미과

왜 매미라고 부를까?

뜨거운 여름날 시끄럽게 울어 대는 매미 소리를 들어 보았죠? 시골, 도시를 가리지 않고 녀석의 울음소리는 하루 종일 그칠 줄 몰라요. 그러다 날씨가 쌀쌀해지는 가을이면 언제 그랬냐는 듯 울음소리가 싹 사라져요. 녀석은 뜨거운 여름에만 활동하는 대표적인 여름 곤충이라고 할 수 있어요.

그런데 왜 매미라고 부르는지 알고 있나요? 녀석들의 우는 소리가 사람들 귀에 "맴맴" 하고 들리기 때문이에요. 하지만 모든 매미가 우는 것은 아니에요. 울음소리를 내는 것은 수컷 매미뿐이에요. 그래서 울음소리를 내지 않는 암컷을 보고 '벙어리매미'라고도 부른답니다.

가장 큰 소리로 우는 말매미

매미의 울음소리는 여름을 알리는 기분 좋은 소리예요. 하지만 수많은 매미가 한꺼번에 울어 대는 소리는 더 이상 기분 좋은 소리가 아니지요. 그저 소음일 뿐이에요. 특히 말매미가 우는 소리는 80데시벨이 넘는데, 지하철 열차의 소음과 맞먹을 정도로 시끄러운 세기이죠.

말매미

말매미 울음소리가 유별나게 사람들 귀에 잘 들리는 까닭은 사람이 가장 잘 들을 수 있는 소리 대역(6킬로헤르츠)

에 속하기 때문이에요. 녀석들은 왜 이렇게 목 놓아 울어 댈까요? 그 이유는 암컷을 유혹해 짝짓기를 하기 위해서예요. 수컷은 몸에 있는 특수한 발음기를 이용하여 높은 소리를 내는데, 더 높은 소리를 내는 수컷일수록 짝짓기 경쟁에서 승리할 확률이 높아져요. 그래서 수컷은 하루 온종일 쉬지 않고 목청껏 울어 대는 거예요.

🌿 누가 가장 몸집이 클까?

우리나라에는 말매미와 참매미, 애매미, 소요산매미 등 여러 종류의 매미가 살고 있어요. 그중에서 몸집이 가장 큰 녀석은 누구일까요? 잘 모르겠다고요? 그럼 말벌을 한번 떠올려 보세요. 벌 중에서 가장 몸집이 큰 녀석이 바로 말벌이거든요.

그럼 매미 중에서 가장 몸집이 큰 녀석은 뭐라고 부를까요? 네! 바로 말매미라고 부른답니다. 녀석은 몸길이가 45밀리미터가량에 날개 길이도 65밀리미터나 되는 몸집이 큰 매미예요. 몸 색깔은 전체적으로 옅은 검은색을 띠고 있는데, 그 모습이 나무껍질과 비슷해요. 투명한 날개에는 그물처럼 생긴 복잡한 무늬가 있어서 나무에 달라붙어 있으면 완벽한 보호색이 돼요.

🌿 성충 시기가 너무 짧아요

말매미 성충은 한여름에만 볼 수 있어요. 그래서 우리는 거의 그 모습이 말매미의 전부라고 생각하지요. 하지만 사실 녀석은 6년이나 되는 긴 시간 동안을 땅속에서 애벌레로 살아왔어요. 녀석의 긴 일생에 비하면 우리 눈에 띄는 모습은 아주 일부분이에요. 이렇게 짧은 땅 위 생활을 하는 동안 성충은 짝짓기를 끝내고 자기와 닮은 자손을 남겨야 해요. 짝짓기를 하지 못하면 6년간의 땅속 생활이 물거품이 되고 말아요. 녀석이 왜 그렇게 목메어 우는지, 이제 조금은 이해되었나요?

말매미

말매미의 허물

 몸집이 작은 애매미

모든 매미는 땅속에서 오랫동안 애벌레로 살다가 땅 위에서 잠깐 생활하고 죽는, 그런 안타까운 생활사를 겪어요. 애매미와 소요산매미도 마찬가지랍니다.

애매미는 우리나라 전역에 분포하는 매미예요. 몸길이는 30밀리미터가량으로 말매미보다 몸집이 작지요. 몸 색깔은 전체적으로 갈색을 띠며, 녹색과

애매미

소요산매미

검은색을 띤 무늬가 섞여 있어 나무에 가만히 앉아 있으면 눈에 잘 띄지 않아요. 또한 애매미는 다른 매미들보다 상대적으로 짧은 시간을 땅속에서 살아요. 보통 1~2년을 땅속에서 지낸 뒤 성충이 되는데 한여름뿐만 아니라 늦은 가을까지도 관찰이 가능하답니다.

🌿 가장 먼저 여름을 알리는 소요산매미

소요산매미는 우리나라에서 살아가는 매미 중에서 몸집이 가장 작아요. 몸길이는 20~33밀리미터, 날개 끝까지의 길이도 42밀리미터 정도밖에 되지 않죠. 녀석은 울음소리로 가장 먼저 여름을 알려요. 만약 초여름에 매미 울음소리를 들었다면 소요산매미의 울음소리였을 확률이 높아요. 하지만 먼저 활동을 시작한 만큼 다른 매미들보다 일찍 활동을 끝내죠.

궁금해요 매미와 노린재가 친척이라고요?

한때는 노린재가 매미목에 속했어요. 매미와 노린재는 여러 면에서 비슷한 점이 많거든요. 둘 다 침처럼 생긴 주둥이를 이용하여 먹이 활동을 하고, 식물의 즙이나 동물의 체액을 빨아 먹고 살아가죠. 하지만 다른 점도 있어요. 노린재는 겉날개가 딱딱하지만 매미는 날개 전체가 비닐 같은 막으로 되어 있죠. 지금은 이렇게 생김새가 다르지만 아주 오래전에는 생김새가 비슷했을 거예요. 서로 다른 환경 속에서 기나긴 시간을 지내다 보니 현재와 같은 생김새로 진화를 한 것이죠.

메추리노린재

5
밤이면 불빛으로 달려드는 흰제비불나방

나비목 불나방과

🌿 불나방이라고 들어 봤나요?

'불나방' 하면 무엇이 떠오르나요? 뜨거운 모닥불이 생각나나요? 아니면 환하게 빛나는 불빛이 떠오르나요? 이름에서 알 수 있듯이 불나방은 불빛과 매우 관련이 깊은 곤충이에요. 녀석들은 밤이 되면 불빛 주변으로 모여들거든요.

우리나라에는 약 70여 종의 불나방이 있는 것으로 알려졌는데, 녀석들은 비교적 몸집이 커요. 그중에 우리의 시선을 확 끄는 녀석이 있어요. 바로 흰제비불나방이지요. 녀석은 온몸이 하얀색 털로 덮여 있는데, 그 모습이 무척 인상적이에요.

흰무늬왕불나방

점무늬불나방

🌿 흰제비불나방의 생김새를 알아볼까?

그럼 흰제비불나방을 만나 볼까요? 가장 먼저 눈에 띄는 것은 무엇인가요? 네, 바로 녀석의 상징이라고도 할 수 있는 하얀 몸 색깔이에요. 흰제비불

흰제비불나방

나방이라는 이름처럼 녀석의 몸통은 온통 하얀색 털로 덮여 있어요. 하지만 자세히 살펴보면 녀석의 몸 곳곳에 빨간색도 있음을 알 수 있어요. 또한 크고 긴 날개가 마치 망토를 걸친 것처럼 보여서 그 모습이 꼭 공포 영화에 나오는 무서운 악당 같죠.

이번에는 녀석의 더듬이를 한번 살펴볼까요? 더듬이 모양이 아주 독특해요. 멀리서 봤을 때는 가느다란 실처럼 보이지만 가까이서 자세히 살펴보면 빗처럼 생겼어요. 머리를 빗어도 될 만큼 빗과 꼭 닮았죠?

몸통도 관찰해 봐요. 복슬복슬한 하얀 털이 꼭 강아지 같아요. 하얀색 다리 위에 빨간색 털도 나 있네요. 앗, 잠깐! 녀석의 배에 한 줄로 길게 늘어선

흰제비불나방의 더듬이

검은색 점도 보이네요. 그저 하얗게 생긴 나방인 줄 알았는데 몸 곳곳에 여러 색다른 무늬가 숨어 있었네요.

정말 불을 좋아할까?

한여름 밤 시골에 가면 불빛으로 날아드는 흰제비불나방을 볼 수 있을 거예요. 그만큼 밤이 되면 흔하게 볼 수 있는 나방이 바로 이 녀석이죠. 하지만 불빛에 모인다고 해서 불빛을 좋아하는 것은 아니에요. 녀석이 불빛으로 날아드는 것은 빛을 향해 일정한 각도를 유지하면서 나는 습성이 있기 때문이에요. 불빛과 일정한 각도를 유지하면서 날다 보면 불빛 주위를 회전하게 되는데, 그렇게 점점 불빛에 가까워지다 결국 등불에 부딪히는 것이죠. 이렇게 불나방들처럼 빛에 반응하는 곤충들의 습성을 '주광성'이라고 한답니다.

흰제비불나방은 어떻게 성장할까?

밝고 깨끗한 느낌을 주는 흰제비불나방의 어린 시절 모습은 어떨까요? 흰제비불나방 애벌레의 몸에는 온통 빳빳하게 생긴 억센 털이 나 있어요. 녀석은 천적으로부터 위협을 느끼면 이 털들을 바짝 세워 경계를 하죠. 털에 찔리면 퉁퉁 붓게 될 수도 있으니 녀석을 관찰할 때에는 조심해야 한답니다.

흰제비불나방 애벌레

흰제비불나방의 서식지

흰제비불나방은 애벌레 시기에 주로 뽕나무 잎을 먹으며 성장해요. 특히 번데기가 될 무렵에는 엄청난 양의 뽕잎을 섭취한 뒤에 번데기가 되죠. 번데기 과정을 거쳐 성충으로 날개돋이한 녀석들은 과수원 주변에서 자두나 복숭아 등의 즙을 빨아 먹고 살아가요. 주로 농작물에 피해를 주기 때문에 녀석의 등장은 농민들에게 그리 반가운 일이 아니랍니다.

하나더 생김새가 독특한 애벌레들

나방의 애벌레는 독특하게 생긴 녀석들이 많아요. SF 영화에 나오는 외계인 같은 녀석도 있고, 사람의 얼굴을 흉내 낸 녀석도 있죠. 온몸에 털이 숭숭 나 있는 이 녀석은 붉은수염독나방 애벌레예요. 독특한 생김새가 한번 보면 절대 잊어 버릴 것 같죠? 멧누에나방 애벌레도 붉은수염독나방 애벌레 못지않게 생김새가 독특해요. 특히 녀석을 정면에서 바라보면 마치 사람의 얼굴을 닮았어요. 더욱 재미있는 사실은 녀석이 성충이 되면 애벌레 시기의 독특한 모습이 대부분 사라진다는 점이에요.

붉은수염독나방 애벌레　　　　　　　멧누에나방 애벌레

6

누가 더 비행 솜씨가 좋을까?

1 한국인에게 가장 친숙한 호랑나비

나비목 호랑나비과

🌿 나비들의 국가대표 호랑나비

나비 하면 가장 먼저 뭐가 떠오르나요? 아마 호랑나비를 많이 떠올릴 거예요. 평소 곤충을 징그럽고 무서워하는 친구들도 호랑나비는 예쁘게 생각하거든요. 그만큼 녀석은 우리에게 친숙하고 인기가 많은 곤충이에요. 우리나라에서 서식하는 250여 종의 나비들 중에서 가장 인기가 많은 나비 역시 호랑나비일 거예요.

🌿 호랑나비는 어떻게 생겼을까?

호랑나비는 우리나라 전역에 분포하는 종으로 봄부터 가을까지 쉽게 관찰할 수 있어요. 녀석은 1년에 2~3회 정도 발생하는데, 성충의 몸집은 계절에 따라 크기가 달라요. 보통 여름에 발생한 나비가 봄에 발생한 나비보다 몸집이 더 크고 날개 색도 더 선명하죠. 이렇게 계절의 변화에 따라 크기나

호랑나비

모양, 색깔 등이 달라지는 생물의 특징을 '계절형'이라고 해요.

다 자란 호랑나비 성충은 활짝 편 날개의 길이가 최대 120밀리미터일 정도로 큰 날개를 가지고 있어요. 날개를 활짝 펼치고 꽃 주변을 유유히 날아가는 호랑나비를 본다면 아마 그 아름다운 매력에 흠뻑 빠지게 될 거예요.

궁금해요 나비는 꽃에만 모일까?

보통 나비는 꽃에 많이 모여요. 하지만 나비는 꽃 이외에도 똥이나 진흙, 동물의 시체, 나무 수액에도 많이 모인답니다. 우리가 생각하기에는 더럽고 하찮은 것이지만 녀석들에게는 살아가는 데 필요한 영양분이 가득한 먹이랍니다.

진흙의 즙을 빨아 먹는 흰점팔랑나비

곤충의 즙을 빨아 먹는 애기세줄나비

🌿 화려한 날개에 숨은 비밀

혹시 비 오는 날에 날아다니는 호랑나비를 본 적이 있나요? 녀석의 날개는 비가 와도 잘 젖지 않아요. 그래서 비가 오는 날에도 자유롭게 비행을 할 수 있어요. 젖지 않는 호랑나비의 날개에는 어떤 비밀이 숨어 있을까요? 호

호랑나비의 날개

랑나비의 날개를 자세히 관찰해 보면 비늘 같은 고운 가루가 보일 거예요. 이 가루에는 지방 성분이 포함되어 있어서 웬만한 물기에는 날개가 젖지 않아요.

그뿐만 아니라 호랑나비가 뽐내는 화려한 날개 무늬의 비밀도 바로 이 비늘가루에 숨어 있답니다. 비늘가루가 어떻게 배열되느냐에 따라 날개 무늬가 결정되기 때문이지요.

애벌레는 기생벌을 조심해야 해요

호랑나비는 산초나무나 탱자나무와 같이 애벌레의 먹이가 되는 나무의 잎 뒷면에 알을 낳아요. 알에서 깬 애벌레는 새똥과 비슷한 무늬로 천적의 눈을 피하는데, 특히 기생벌을 조심해야 해요. 왜냐하면 기생벌이 호랑나비 애벌레의 몸속에 알을 낳기 때문이에요. 호랑나비 애벌레의 몸속에서 자란 기생벌은 애벌레가 번데기가 되면 몸을 뚫고 밖으로 나온답니다. 번데기로 며칠만 더 견디면 호랑나비 성충이 될 수 있는데 기생벌 때문에 날개를 펼쳐 보지도 못하고 죽고 말아요. 무사히 이 시기를 이겨 낸 운 좋은 녀석만이 마침내 호랑나비 성충이 된답니다. 이처럼 작은 알 하나가 성충이

기생벌(일본납작혹벌)

되기까지에는 어려운 고비를 수도 없이 넘겨야 해요.

하나더 우리나라에서 가장 큰 나비?

우리나라에서 가장 큰 나비는 누구일까요? 같은 종이라도 성장 환경에 따라 몸집의 차이가 나기 때문에 단정 지어 얘기할 수는 없겠죠. 하지만 평균적으로 봤을 때 남방제비나비가 가장 큰 녀석이 아닐까 생각해요. 녀석은 날개를 활짝 펼치면 130밀리미터가 넘을 만큼 몸집이 커요. 그래서 녀석이 하늘을 날아다니면 마치 새가 날아다니는 것처럼 보인답니다.

남방제비나비

2
재빨리 날아가 버리는 밀잠자리

잠자리목 잠자리과

🌿 성격이 예민한 밀잠자리

밀잠자리는 우리 주변에서 가장 쉽게 볼 수 있는 아주 친숙한 잠자리예요. 하지만 가까이에서 관찰하기에는 무척 어려운 녀석이죠. 왜냐하면 녀석은 성격이 아주 예민하거든요. 아무리 뒤꿈치를 들고 살금살금 다가가도 어느새 낌새를 채고 다른 곳으로 날아가 버려요. 밀잠자리뿐만 아니라 다른 잠자리들도 주변의 움직임에 매우 민감하기는 해요.

녀석들이 이렇게 눈치가 빠른 것은 머리의 대부분을 차지하고 있는 커다란 겹눈 덕분이에요. 잠자리의 겹눈에는 보통 2만 개가 넘는 많은 낱눈이 모여 있어요. 이 눈으로 앞은 물론이고, 옆과 뒤까지 사방을 볼 수 있답니다. 그래서 아무리 조용히 접근한다 해도 녀석에게 들킬 수밖에 없어요.

배치레잠자리의 겹눈

궁금해요 잠자리는 타고난 모기 사냥꾼이에요

잠자리는 육식성 곤충이에요. 특히 녀석은 모기나 파리와 같은 해충들을 잡아먹는 이로운 곤충이죠. 그중에서도 좀잠자리는 여름 한철 동안 1만 제곱미터의 공간에서 100킬로그램이 넘는 모기를 먹어 치울 만큼 강력한 모기 사냥꾼이에요. 살아 있는 모기약이라 불려도 손색이 없는 녀석들이죠.

암컷과 수컷의 생김새가 달라요

밀잠자리는 몸길이가 48~54밀리미터로 우리나라에서 볼 수 있는 잠자리 중에서 중간쯤 되는 크기예요. 또한 다 자란 밀잠자리는 암컷과 수컷의 생김새가 달라요. 정확히 말하면 몸 색깔이 많이 다르죠. 맨 처음 날개돋이한 밀잠자리는 암컷과 수컷의 색깔이 누런빛을 띤 갈색으로 서로 비슷하답니다. 하지만 점차 성장하면서 수컷은 회색을 띤 푸른색으로 변하고, 암컷은 녹색을 띤 누런 갈색으로 변해요. 마치 사람처럼 어렸을 때에는 성별이 잘 구별되지 않다가 어른이 되면 확실하게 구별되는 것처럼 말이죠.

햇빛을 아주 좋아해요

수많은 잠자리 중에서 유난히 밀잠자리가 우리 눈에 자주 보이는 것은 햇빛을 좋아하는 녀석의 습성 때문이에요. 깊은 숲속은 키가 큰 나무로 우거져 있기 때문에 한낮에도 어두컴컴해요. 하지만 논이 많은 평지는 낮이 되면 강렬한 햇볕이 내리쬐죠. 밀잠자리는 햇볕의 양이 적은 숲속이 아니라 햇볕이 내리쬐는 길가나 나무 등에서 휴식을 취하기 때문에 우리 눈에 잘 띈답니다.

번식력이 매우 좋은 밀잠자리

밀잠자리는 여느 잠자리와는 다르게 4월부터 10월까지 계속해서 볼 수 있

밀잠자리 수컷

밀잠자리 암컷

햇볕을 쬐는 밀잠자리

어요. 여느 잠자리가 특정 시기에 한꺼번에 관찰되는 것과는 많이 다르죠. 왜 그런 걸까요? 녀석들이 멈추지 않고 끊임없이 번식하기 때문이에요. 알을 낳은 시기에 따라 성충이 되는 시기도 각각 달라요. 그래서 1년에 여러 차례 밀잠자리 성충을 볼 수 있답니다.

🌿 수컷의 경호를 받으며 알을 낳아요

밀잠자리 암컷은 물 위에서 정지비행을 하며 물 흐름이 느린 물웅덩이나 하천에 알을 낳아요. 녀석은 배 끝으로 물을 치면서 알을 낳는데, 그 주변에는 암컷을 경호하는 수컷이 있어요. 수컷은 암컷이 무사히 알을 낳을 수 있도록 주변을 경계하며 암컷을 보호하는 역할을 해요.

알을 낳은 후 10일가량 지나면 부화가 시작돼요. 보통 이른 봄에 알에서 깬 잠자리 유충은 종령 유충으로 겨울을 보내고, 여름에 알에서 깬 유충은 중간 정도 자란 상태로 겨울을 보내는 것으로 알려졌어요. 녀석은 겨울이 되면 잠시 휴면 상태로 들어갔다가 이듬해 따뜻한 봄이 오면 왕성한 성장 활동을 시작해서 성충이 된답니다.

궁금해요 잠자리 애벌레는 어디서 살까?

다 자란 잠자리는 하늘을 훨훨 날아다니며 육상에서 살아가지만 애벌레 시기에는 육상이 아닌 물속에서 살아간답니다. 흔히 잠자리 애벌레를 수채라고 부르는데, 녀석들은 아가미가 달려 있어 물속에서도 호흡을 하며 살 수 있어요. 하지만 성충이 되면 아가미 대신 폐로 호흡하게 되죠. 그래서 생물 진화론을 연구하는 많은 학자에게 잠자리는 아주 중요한 곤충이에요. 물속 생명체가 육지 생명체로 진화해 가는 과정을 연구하는 데 많은 도움을 주거든요.

밀잠자리 수채

하나더 밀잠자리와 비슷하게 생긴 밀잠자리붙이

밀잠자리와 비슷하게 생겼지만 몸집이 더 작은 잠자리가 있어요. 바로 밀잠자리붙이예요. 밀잠자리붙이는 밀잠자리보다 배 길이가 더 짧고 날개도 조금 더 투명해요. 밀잠자리와 비슷한데 어딘가 2퍼센트 부족하다 싶으면 밀잠자리붙이가 아닌지 의심해 보세요.

밀잠자리붙이

3
얼룩덜룩 군복을 입은 녹색박각시

나비목 박각시과

박각시는 벌새가 아니에요

박각시과에 속한 나방들을 벌새로 착각하기도 해요. 몸집이 크고 날갯짓이 매우 빠른 데다 정지비행도 할 수 있기 때문이죠. 하지만 벌새와 박각시는 전혀 다른 동물이에요. 벌새는 말 그대로 새이지만 박각시는 곤충이죠. 게다가 벌새는 우리나라가 아닌 아메리카 지역에서 살아가는 새예요. 우리나라에서 벌새처럼 정지비행을 하며 꿀을 빨아 먹고 있는 녀석을 보았다면 분명 박각시과에 속한 나방일 거예요. 녀석들은 주로 밤에 활동하는 야행성이지만 간혹 낮이나 해질 무렵에 활동하는 녀석도 있답니다.

전투기를 보는 듯한 녹색박각시

여기 덩치 큰 박각시과의 나방이 있네요. 위에서 보면 꼭 전투기를 보는 것처럼 날렵하게 생겼어요. 하지만 옆에서 보면 통통한 배불뚝이처럼 보이죠? 몸 색깔이 마치 군복 무늬와 비슷한 이 녀석의 이름은 바로 녹색박각시

녹색박각시

랍니다. 녀석은 몸길이가 35밀리미터, 활짝 편 날개 길이는 53~75밀리미터일 만큼 몸집이 커요. 녀석이 수풀 사이에 숨어 있으면 발견하기가 아주 어렵답니다. 몸 색깔이 녹색인 데다가 옅고 짙은 여러 색깔 무늬가 차례로 나타나기 때문에 주변 환경과 비슷하게 보이거든요. 하지만 날개 뒷부분은 녹색이 아니라 붉은색을 띠고 있어요. 비행하려고 날갯짓을 하면 숨어 있던 뒷날개를 볼 수 있죠.

녹색박각시는 어떻게 살아갈까?

녹색박각시는 5~10월에 관찰할 수 있어요. 녀석은 보통 1년에 두 차례 발생한다고 알려졌는데 5~6월, 7~8월에 성충으로 날개돋이를 한답니다. 녹색박각시 애벌레는 몸길이가 60~70밀리미터로 황록색을 띠고 있고, 주로 식물의 잎을 갉아 먹고 살아가요. 8~9월에 태어난 애벌레는 고치를 만들지 않고 흙 속에서 번데기 상태로 겨울을 보낸답니다.

위협을 느끼면 더 빨리 성장한다고요?

대부분의 애벌레는 위협적인 상황이 계속되면 스트레스를 받아서 성장 속도가 느려져요. 천적의 위협으로 먹이 활동을 제대로 할 수 없기 때문이에요. 하지만 박각시과의 애벌레는 오히려 더 빠르게 성장한다고 해요. 미국의 퍼듀 대학교 곤충 연구팀이 조사한 결과에 따르면, 박각시과의 애벌레는 안

전한 상태에서 자란 녀석보다 주변에 천적이 있을 때 자란 녀석의 성장 속도가 훨씬 빨랐다고 해요. 어떻게 이런 결과가 나온 것일까요? 그것은 천적의 위협에서 빨리 벗어나려고 성장 단계를 끌어올렸기 때문이에요. 천적 때문에 먹이의 양은 줄었지만, 대신 더 많은 질소와 체내 지방 함량을 끌어올려서 빠르게 성장을 할 수 있었던 거죠.

하나더 벌꼬리박각시도 있어요

박각시과에 속한 곤충에는 벌꼬리박각시도 있어요. 워낙 날갯짓이 빠르고 비행 소리가 웅장해 벌새로 오해받는 대표적인 곤충이죠. 녀석은 벌새처럼 정지비행을 하면서 꽃에 있는 꿀을 빨아 먹고 살아간답니다.

벌꼬리박각시의 정지비행

4
쉴 새 없이 꽃 사이를 날아다니는 줄점팔랑나비

나비목 팔랑나비과

나방을 닮은 줄점팔랑나비

나비 중에는 나방과 생김새가 비슷한 나비도 있답니다. 대표적인 녀석이 바로 줄점팔랑나비예요. 줄점팔랑나비 이외에도 팔랑나비과에 속한 나비들은 대부분 나방과 생김새가 비슷해요. 녀석들은 꽃을 무척 좋아해서 쉴 새 없이 꽃 주변을 옮겨 다니며 꿀과 꽃가루를 먹어요. 덕분에 여러 식물이 꽃가루받이를 해서 종자를 번식할 수가 있지요. 나비를 닮은 나방, 나방을 닮은 나비! 곤충들의 세계는 참 신기하고 흥미롭죠?

줄점팔랑나비는 어떻게 생겼을까?

줄점팔랑나비는 날개를 편 길이가 17~21밀리미터인 작은 나비예요. 몸 색깔은 전체적으로 옅은 갈색을 띠고 있고, 특히 머리와 가슴 부위에는 털이 풍성하게 나 있답니다.

줄점팔랑나비라는 이름처럼 녀석의 날개 표면에는 하얀색을 띤 점무늬가 새겨져 있어요. 앞날개에는 일고여덟 개의 점무늬가 반원 모양으로, 뒷날개에는 네 개의 점무늬가 나란히 줄지어 있지요. 하지만 변이가 심한 편이라 날개의 무늬만으로는 팔랑나비과에 속한 다른 녀석들과 정확하게 구별하기가 어렵기도 해요.

줄점팔랑나비

🌿 정말 나방이 아니라 나비가 맞나요?

녀석의 생김새를 보고 나방이라고 오해하는 친구들이 많아요. 왜냐하면 녀석은 나방처럼 몸이 통통한 데다 앉아서 쉴 때 주로 날개를 펼치고 있기 때문이지요. 또한 나비처럼 날개가 커 보이지도 않고 우아한 날갯짓을 하지도 않아 더더욱 나비라는 생각이 안 들어요. 하지만 녀석은 분명 나비랍니다. 사진에서 점선으로 동그라미 친 끝이 곤봉처럼 생긴 더듬이를 보면 녀석이 나비라는 것을 쉽게 알 수 있죠.

또 날개의 비늘가루가 잘 떨어지는 나방과 달리 녀석의 날개는 비늘가루가 잘 떨어지지 않아요. 참고로 나비 날개의 비늘 입자는 끝이 둥글게 생겨서 비늘가루가 잘 떨어지지 않지만, 나방 날개의 비늘은 입자 끝이 뾰족해서

줄점팔랑나비

넉점박이불나방

잘 떨어진답니다.

🌿 줄점팔랑나비는 어떻게 살아갈까?

줄점팔랑나비는 우리나라 곳곳에서 서식하는 나비예요. 1년에 2~3회가량 발생하는데 주로 5~11월에 관찰할 수 있답니다. 녀석은 애벌레 상태로 논 주변에서 겨울을 보낸 뒤 이듬해 5월이 되면 성충으로 활동하기 시작해요. 워낙 개체 수가 많아서 숲속은 물론, 도시의 공원에서도 쉽게 만날 수 있어요.

짝짓기를 끝낸 암컷은 주로 강아지풀이나 벼 잎에 알을 낳으며, 알에서 깬 애벌레는 잎으로 집을 만들어서 살아가요. 벼와 같은 농작물의 잎을 갉아 먹고 성장하기 때문에 농사에 피해를 주는 해충으로 여긴답니다.

하나더 왕자팔랑나비도 있어요

팔랑나비과에 속한 나비 중에 왕자팔랑나비도 있어요. 녀석은 우리나라 전역에 서식하는 흔한 나비로, 주로 숲속을 민첩하게 날아다니면서 꿀을 빨아 먹고 산답니다.

왕자팔랑나비

5
정지비행에 능숙한 산딸기유리나방

나비목 유리나방과

왜 산딸기유리나방이라고 부를까?

나방 무리 중에는 이름에 '유리'라는 낱말이 붙은 녀석들이 있어요. 이 녀석들은 밖이 훤히 보이는 유리창처럼 날개가 투명하다고 하여 '유리나방'이라고 불리죠.

유리나방 무리는 생김새가 대부분 말벌을 닮았어요. 대표적인 녀석이 바로 산딸기유리나방이에요. 맨 처음 녀석을 만났을 때에는 말벌인 줄 알고 재빨리 피하기도 했어요. 그만큼 녀석은 말벌과 매우 비슷하게 생겼지요. 하지만 말벌과는 달리 독침을 가지고 있지 않고, 또 성격도 온순해서 위험하지 않은 곤충이랍니다.

말벌

산딸기유리나방은 어떻게 생겼을까?

산딸기유리나방은 날개를 편 길이가 23~34.5밀리미터로 비교적 몸집이 큰 나방이에요. 녀석은 몸 색깔이 누런색과 검은색을 띠고 있어 멀리서 보면 말벌로 착각하기 쉽답니다. 하지만 앞에서 본 모습은 말벌보다는 황소처럼 생겼어요. 끝이 말린 긴 더듬이가 마치 황소 뿔을 보는 것 같거든요.

재미있는 사실은 녀석은 유리나방이라는 이름을 가졌지만, 실제 날개는 그다지 투명하지 않다는 점이에요. 날개 색깔이

산딸기유리나방

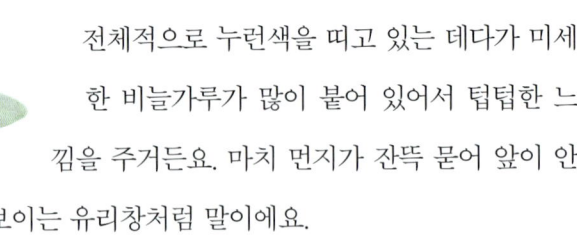
산딸기유리나방

전체적으로 누런색을 띠고 있는 데다가 미세한 비늘가루가 많이 붙어 있어서 텁텁한 느낌을 주거든요. 마치 먼지가 잔뜩 묻어 앞이 안 보이는 유리창처럼 말이에요.

정지비행의 달인이에요

산딸기유리나방은 날개가 꽤 길쭉해요. 덕분에 녀석은 매우 빠른 속도로 날갯짓을 하면서 정지비행을 할 수 있어요. 어디 한번 녀석의 힘찬 날갯짓을 살펴볼까요? 어떤가요? 날개가 보이지 않을 만큼 빠른 속도로 날갯짓을 하고 있죠? 산딸기유리나방이 정지비행을 할 수 있는 것은 힘찬 날갯짓 때문이에요. 하지만 녀석이 항상 비행을 하는 것은 아니에요. 비행을 하지 않을 때에는 마치 비행기 바퀴가 접힌 것처럼 가운뎃다리를 위로 접은 채 잎에 앉아서 쉰답니다.

산딸기유리나방의 정지비행

산딸기유리나방은 어떻게 살아갈까?

산딸기유리나방은 습성이 매우 예민해요. 그래서 가까이 가기도 전에 도망치기도 하죠. 하지만 어떤 때에는 가까이 접근해도 도망치지 않는 때가 있어요. 이때는 암컷이 알을 낳고 있을 확률이 높아요. 짝짓기를 끝낸 암컷은 산딸기나무 잎 뒷면의 가장자리에 알을 낳는데 알을 낳는 동안은 도망칠 수 없기 때문이지요.

알은 전체적으로 둥글게 생겼는데 위에서 눌린 듯한 납작한 형태를 띠고 있어요. 알에서 깬 애벌레는 산딸기나무 잎을 먹으며 무럭무럭 성장하여 7월에서 9월에 성충으로 탈바꿈해요. 1센티미터도 채 되지 않는 작은 알 하나가 큰 몸집을 지닌 성충으로 변해 가는 과정은 세상 그 어떤 것보다도 경이롭고 신비롭답니다.

하나 더 계요등유리나방도 있어요

생김새가 산딸기유리나방과 닮은 이 녀석은 계요등유리나방이에요. 아직까지 녀석에게는 우리나라 이름(국명)이 부여되지 않았기 때문에 계요등유리나방은 정식 이름이 아니에요. 생김새는 마치 말벌 같지만 배 끝에 독침이 아닌 풍성한 털이 있는 것을 보면 녀석이 벌이 아니라 나방이라는 것을 쉽게 알 수 있답니다.

계요등유리나방

부록

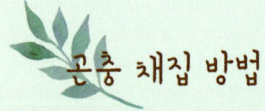
곤충 채집 방법

친구들과 장난치려고 곤충을 채집해서는 안 돼요. 곤충을 채집하는 목적은 어디까지나 곤충이 간직한 생태의 비밀을 관찰하고 탐구하기 위해서니까요. 곤충을 채집할 때에는 이 사실을 항상 명심하고, 작은 생명이라 해도 소중하게 다루세요.

❶ 포충망 채집 방법

포충망을 이용한 채집은 곤충을 채집하는 가장 대표적인 방법이에요. 곤충이 도망치기 전에 기다란 포충망을 먼 거리에서 휘둘러서 채집하는 거죠. 포충망에 곤충이 들어오면 재빨리 위쪽으로 걷어 올린 후 포충망의 그물을 접어야 해요. 그래야 곤충이 빠져나오지 못하거든요. 나비나 나방 등과 같이 연약한 곤충을 채집할 때에는 포충망에 날개가 다칠 수 있으니까 조심하세요.

❷ 함정 채집 방법

페트병이나 유리병 등에 먹이를 넣고 함정을 만들어서 채집하는 방법이에요. 먼저 흙을 파서 땅과 수평하게 페트병을 묻은 후 함정을 만들어요. 페트병 속에 썩은 생선이나 고기를 넣어 두면 먼지벌레나 딱정벌레 등이 먹이를 먹으러 왔다가 빠져나가지 못하고 잡히는 거죠. 함정을 만들어 두었으면 다음 날 바로 확인해서 채집하세요. 안 그러면 그 안에서 곤충들이 죽을 수도 있거든요.

❸ 유인 채집 방법

곤충들이 주로 모이는 장소에 수액을 발라 놓고 곤충을 유인하여 채집하는 방법이에요. 보통 장수풍뎅이나 사슴벌레와 같이 야행성 곤충을 채집하는 데 효과적이죠. 수액은 바나나와 식초, 설탕 등을 섞어서 참나무류 수액과 비슷한 맛과 향이 나게 만드는 것이 좋아요.

❹ 등화 채집 방법

불빛을 이용하여 곤충을 채집하는 방법이에요. 주로 불빛에 반응하는 야행성 곤충들을 채집할 때 사용하죠. 빛의 양이 풍부한 전등을 이용하면 다양한 야행성 곤충들을 채집할 수 있어요. 전등이 없을 경우에는 가로등 불빛이 비치는 곳을 가 보세요. 가로등 불빛에 모여든 곤충들을 쉽게 채집할 수 있을 거예요. 등화 채집을 할 때에는 땅에 있는 곤충들을 밟을 수도 있기 때문에 항상 발밑을 조심하세요.

❺ 수서곤충 채집 방법

수서곤충은 뜰채나 족대 등을 이용하여 채집하세요. 물속에서 살아가는 수서곤충은 직접 관찰하기가 어렵기 때문에 채집하여 물 밖에서 관찰하지요. 수서곤충을 채집할 때에는 부모님과 함께 활동하는 것이 좋아요. 또 수심이 깊은 물속에는 들어가지 마세요.

❻ 관찰 채집 방법

직접 꽃이나 나무 주변을 하나하나 자세히 살피면서 채집하는 방법이에요. 자연에서 살아가는 곤충의 평소 모습을 관찰할 수도 있고, 또 자연스러운 곤충의 모습을 사진으로 담을 수도 있어서 가장 추천하는 채집 방법이에요.

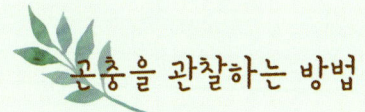
곤충을 관찰하는 방법

곤충을 관찰할 때에는 과학자다운 마음과 자세를 가져야 해요. 정확한 눈으로 거짓이 아닌 있는 그대로의 사실을 기록하고 분석하는 것이죠. 하지만 무엇보다도 중요한 것은 곤충을 아끼고 사랑하는 마음이에요. 프랑스의 곤충학자 파브르는 길을 걸을 때에도 곤충을 밟지 않으려고 조심조심 걸었다고 해요. 또 움직이는 곤충을 관찰하는 것이 어렵고 힘들더라도 죽이거나 괴롭히지 않았어요. 그만큼 그는 곤충을 사랑하고 아끼는 마음이 대단했어요. 여러분도 곤충을 관찰할 때에는 파브르처럼 곤충을 아끼고 사랑하는 마음을 가지세요. 곤충을 관찰하는 것은 곤충을 사랑하는 작은 마음에서부터 비로소 시작되니까요.

곤충을 관찰할 때에는 여러 준비물이 필요해요. 그렇다고 해서 거창하게 준비해야 하는 것은 아니에요. 평소에 가지고 있던 여러 도구를 활용하면 안전하게 곤충을 관찰할 수 있어요.

먼저 몸을 보호할 수 있게 긴팔이나 긴바지를 입으세요. 날씨가 덥다고 반팔이나 반바지를 입으면 팔이나 다리에 상처를 입기 쉽거든요.

옷을 제대로 갖춰 입었으면 이제 머리를 보호할 수 있는 모자를 준비하세요. 모자를 쓰지 않으면 나뭇가지나 위험한 곤충에 머리를 다칠 수 있으니 조금 귀찮더라도 반드시 써야 해요. 마지막으로 발목 위까지 올라오는 등산화나 장화를 신으세요. 풀숲에서는 살모사와 같은 무서운 독사가 발이나 다리를 무는 일이 종종 있거든요.

준비물

- 의류: 모자, 조끼, 긴팔, 긴바지, 등산화, 장갑, 배낭
- 관찰 도구: 돋보기, 핀셋, 확대경, 채집 상자, 곤충 도감, 관찰 공책, 필기구
- 구급약

❶ 곤충에 관한 지식이 있어야 해요

곤충을 관찰하기 전에 먼저 곤충에 관한 지식이 있어야 해요. 곤충의 생태 습성을 알고 있어야 곤충을 쉽게 관찰할 수 있거든요. 또한 똑같은 장소라 하더라도 시기별로 나타나는 곤충이 다르기 때문에 다양한 곤충을 관찰하려면 곤충에 관한 내용을 많이 알아 두세요.

❷ 자세히 들여다보아야 해요

곤충을 만나려면 사람들이 붐비는 장소보다는 한적한 장소가 좋아요. 눈으로만 훑고 지나가면 아무것도 보이지 않으니까 한 장소를 오랫동안 자세히 들여다보세요. 그렇게 조용히 기다리다 보면 꿈틀대는 작은 곤충들을 만날 수 있을 거예요. 일단 곤충을 발견하면 대충 훑어보지 말고 구석구석을 꼼꼼하게 살펴보세요. 참고로 움직임이 많은 곤충을 관찰할 때에는 확대경을 이용하면 편리해요.

주요 관찰 대상

- 곤충의 모양과 형태
- 머리와 가슴, 배의 구분과 생김새

- 입의 구조
- 다리의 생김새
- 날개의 구조와 모양
- 더듬이의 생김새

❸ 꾸준하게 관찰해야 해요

보통 곤충은 알 ▶ 애벌레 ▶ 번데기(불완전탈바꿈에서는 이 시기가 없지요) ▶ 성충의 과정을 거쳐 성장해요. 단순히 성충의 생김새만 관찰하는 것이라면 며칠 만에 끝날 수도 있어요. 하지만 곤충의 한살이를 탐구한다면 꾸준한 관찰이 필요해요. 인내심을 갖고 꾸준히 관찰해야 곤충이 가진 새로운 세계를 탐구할 수 있어요.

❹ 관찰 일지를 써요

곤충을 관찰할 때에는 관찰 일지를 쓰는 것이 좋아요. 관찰 일지는 어렵지 않아요. 곤충을 관찰한 장소와 시간, 날씨, 느낌 등을 간단하게 쓰면 돼요. 느낌을 쓸 때에는 사실과 구별하여 쓰는 것이 좋아요. 관찰한 곤충을 사진으로 찍거나 그림으로 그려 두면 실감 나는 관찰 일지를 작성할 수 있어요.

〈관찰 일지〉 양식은 지성사 홈페이지(지성사.한국 또는 jisungsa.co.kr)의 자유게시판에서 내려받으실 수 있습니다.

• 관찰 일지 •

날짜	날씨	장소
관찰 대상	관찰 시간	기록자

관찰한 내용

관찰한 모양 (사진 또는 그림)

알아낸 사실

궁금한 점

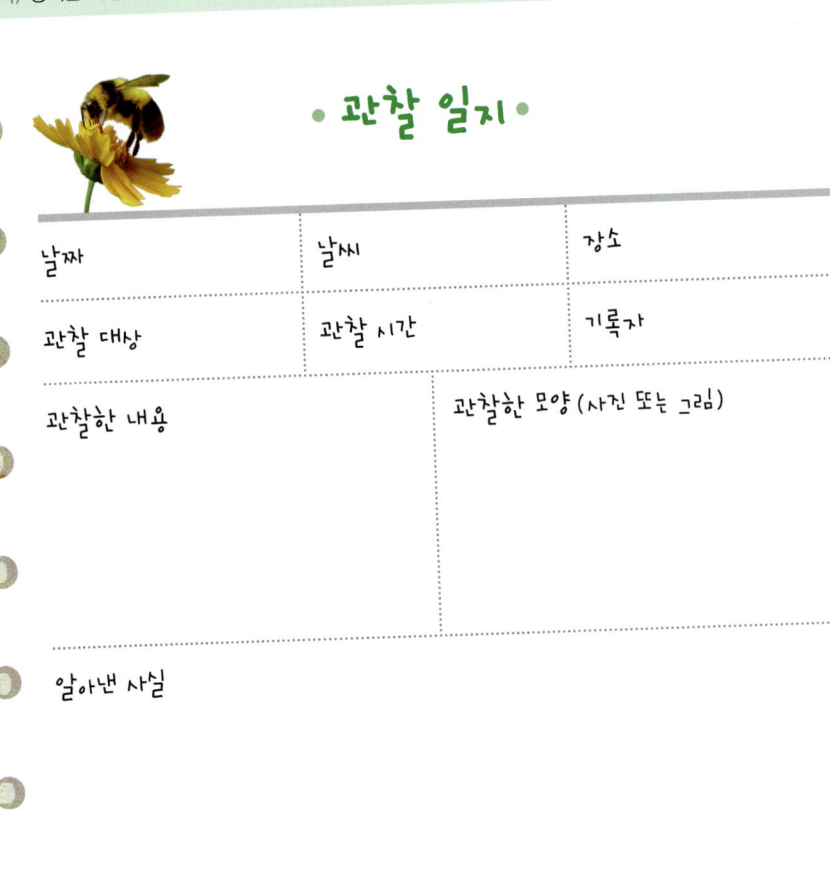

찾아보기 곤충 이름 뒤의 괄호는 그 곤충이 속한 무리를 뜻합니다.

딱정벌레 무리 (딱) / 나비와 나방 무리 (나) / 노린재 무리 (노) / 매미 무리 (매) / 벌 무리 (벌) / 메뚜기 무리 (메) / 파리 무리 (파) / 잠자리 무리 (잠) / 바퀴 무리 (바) / 밑들이 무리 (밑)

ㄱ

가뢰 (딱) 157
개미 (벌) 56
거미 73, 74
검은다리실베짱이 (메) 133~137
검정테광방아벌레 (딱) 108
검정파리매 (파) 70
계요등유리나방 (나) 197
고마로브집게벌레 (딱) 83~87
고추침노린재 (노) 79
광대노린재 (노) 37~39
귀뚜라미 (메) 139, 143
귀매미 (매) 95~99
금강산귀매미 (매) 95~99
기생벌 (벌) 178
긴가위뿔노린재 (벌) 111
길앞잡이 (벌) 55~58
껍적침노린재 (벌) 77
꽃매미 (매) 129~131
꿀벌 (벌) 73, 153
끝검은말매미충 (매) 123~127

ㄴ

나방 (나) 78, 155, 169, 171, 187, 191, 192, 195

나비 (나) 78, 155, 175, 176, 179, 191, 192
날베짱이 (메) 137
남방뿔노린재 (노) 113
남방제비나비 (나) 179
넓적사슴벌레 (딱) 31~35
노린재 (노) 38, 77, 111, 165
녹색박각시 (나) 187, 188
녹슬은방아벌레 (딱) 105~108

ㄷ

다리무늬침노린재 (노) 77~79
대모벌 (벌) 73~75
뒤영벌 (벌) 158, 159
등빨간뿔노린재 (노) 113
땅강아지 (메) 89~93

ㅁ

만주귀매미 (매) 99
말매미 (매) 124, 161~163
말벌 (벌) 73, 124, 151, 162, 195
매미 (매) 50, 98, 123, 127, 130, 161~165
매미충 (매) 98, 123, 124
매추리노린재 (노) 165
메뚜기 (메) 98, 117, 121

205

멧누에나방 애벌레 (나) 171
멸구 (매) 127
무당벌레 (딱) 41~45
무당알노린재 (노) 113
밀잠자리 (잠) 181~185
밀잠자리붙이 (잠) 185
밑들이메뚜기 (메) 117

ㅂ
바구미 (딱) 102
박각시 (나) 187~189
방아깨비 (메) 121
방아벌레 (딱) 105, 107
방아벌레붙이 (딱) 109
배치레잠자리 (잠) 181
뱀허물쌍살벌 (벌) 131~155
벌꼬리박각시 (나) 189
베짱이 (메) 133
불나방 (나) 167, 170
붉은수염독나방 애벌레 (나) 171
비단벌레 (딱) 47, 48
뿔노린재 (노) 112, 113

ㅅ
사마귀게거미 65
사슴벌레 (딱) 31, 111
산딸기유리나방 (나) 195~197
석점박이방아벌레붙이 (딱) 109
섬서구메뚜기 (메) 121
소나무비단벌레 (딱) 47~50
소바구미 (딱) 101~103

소요산매미 (매) 162, 164, 165
스플렌더딱정벌레 (딱) 50
신부날개매미충 (매) 127
실베짱이 (매) 134
쌍살벌 (벌) 73, 151

ㅇ
애기세줄나비 (나) 176
애매미 (매) 162~164
에사키뿔노린재 (노) 113
옻나무바구미 (딱) 103
왕귀뚜라미 (매) 139~143
왕무늬대모벌 (벌) 75
왕사마귀 (바) 61~64
왕자팔랑나비 (나) 193
원산밑들이메뚜기 (메) 118
유리나방 (나) 195

ㅈ
잠자리 (잠) 181, 182, 184, 185
장수말벌 (벌) 63, 153
장수풍뎅이 (딱) 25~29, 35
줄점팔랑나비 (나) 191~193
진딧물 (매) 43, 44, 127
집게벌레 (딱) 31, 83, 111

ㅊ
참매미 (매) 162
참밑들이 (밑) 147~149
청가뢰 (딱) 157~159
청솔귀뚜라미 (메) 143

침노린재 (노) 77

ㅋ
큰뱀허물쌍살벌 (벌) 152
큰이십팔점박이무당벌레 (딱) 44
큰집게벌레 (딱) 87
털보말벌 (벌) 153

ㅍ
파리 (파) 67
파리매 (파) 67~71
팔공산밑들이메뚜기 (메) 117~121
팔랑나비 (나) 191, 193

풍뎅이 (딱) 25

ㅎ
헤라클레스장수풍뎅이 (딱) 29
호랑나비 (나) 175~178
호리병벌 (벌) 155
홍비단노린재 (노) 77
홍줄노린재 (노) 39
황녹색호리비단벌레 (딱) 51
희조꽃매미 (매) 131
흰점팔랑나비 (나) 176
흰제비불나방 (나) 167~171

사진을 제공해 주신 분들

박지환 43쪽, 무당벌레의 진딧물 사냥 / 54쪽, 길앞잡이 / 131쪽, 희조꽃매미 / 170쪽, 흰제비불나방 애벌레 / 178쪽, 기생벌

최순규 57쪽, 길앞잡이의 턱

손윤한 45쪽, 무당벌레 알

지성사의 책 『나의 첫 생태도감 동물편』(지은이 박지환·최순규) 37쪽, 광대노린재 무광택형 / 47쪽, 비단벌레
『와, 물맴이다!』(지은이 손윤한) 183쪽, 밀잠자리 수컷 / 185쪽, 밀잠자리 수채

그 외 위키피디아Wikipedia 29쪽, 헤라클레스장수풍뎅이(CC BY-SA 4.0 by Didier Descouens) / 50쪽, 스플렌더딱정벌레

국립환경과학원 148쪽, 참밑들이 짝짓기, 『우리 주변에서 쉽게 찾아보는 한국의 곤충』

기막힌 재능, 독특한 전략, 곤충이 사는 법

곤충은 왜?

❶ 생태편

❷ 특징편

차례
1. 곤충은 위협에 어떻게 대처할까?
2. 왜 다른 동물을 흉내 낼까?
3. 물에서도 곤충이 살 수 있을까?
4. 왜 꽃에 모일까?
5. 왜 식물을 괴롭힐까?
6. 죽은 생물은 어디로 사라졌을까?

차례
1. 누가 더 인기가 많을까?
2. 누가 더 사냥을 잘할까?
3. 누가 더 독특하게 생겼을까?
4. 누가 더 멀리 뛸까?
5. 누가 더 생활사가 독특할까?
6. 누가 더 비행 솜씨가 좋을까?